永恒的华夏史诗丛书

——纪念祠庙

陆 飞/编著

吉林人民出版社

图书在版编目(CIP)数据

纪念祠庙 / 陆飞编著. -- 长春 : 吉林人民出版社,
2012.5
　(永恒的华夏史诗丛书)
　ISBN 978-7-206-09062-2

　Ⅰ.①纪… Ⅱ.①陆… Ⅲ.①祠堂 – 中国 – 青年读物
②祠堂 – 中国 – 少年读物③寺庙 – 中国 – 青年读物④寺庙
– 中国 – 少年读物 Ⅳ.①K928.75-49

　中国版本图书馆 CIP 数据核字(2012)第 113483 号

纪念祠庙
JINIAN CIMIAO

编　　著:陆　飞
责任编辑:卢俊宁　　　　　　　封面设计:七洱
吉林人民出版社出版 发行(长春市人民大街7548号　邮政编码:130022)
印　　刷:永清县晔盛亚胶印有限公司
开　　本:670mm×950mm　1/16
印　　张:12　　　　　　　　字　　数:90千字
标准书号:ISBN 978-7-206-09062-2
版　　次:2012年7月第1版　　　印　　次:2023年6月第3次印刷
定　　价:38.00元

目　录

二王庙

　　位于四川省灌县西门外，都江堰东岸的玉垒山麓。为纪念开凿都江堰治水有功的李冰父子所建。李冰，战国时水利家。约公元前256—前251年被秦昭王任为蜀郡守。他征发民工在岷江流域兴办许多水利工程，以都江堰最著名，2200多年来在川西平原效益卓著。他还主持了凿平青衣江的溷崖（今四川夹江县境），治导什邡等县的洛水和邛崃等县的汶井口，又穿广都（今双流县境）盐井诸陂池等工程。使后人千载受益，特建祠纪念。二王庙建于公元497年。据传，这里原是纪念蜀王杜宇的"望帝祠"。齐明帝时，益州刺史刘季连把"望帝祠"迁往郫县，把李冰立在这里，改名为"崇德祠"，到清代才改称"二王庙"。二王庙整修建筑群依山临江，不强求中轴对称，而是随着地势曲折迤逦而上，殿宇巍峨，宝塔凌空，雕梁画栋，色彩鲜明，素有"玉垒仙都"之称。庙内石壁嵌李冰及其后历代治水经验格言碑文石刻："深淘滩，低作堰"；"遇弯截角，逢正抽心"等。近年塑有李冰及二郎像，各高数米，或坐或立，分别供于大殿及后殿内。手法简练，形象生动。后殿西侧有画家徐悲鸿、张大千、关山月等于民国时绘制的天马、玉女、黄粱梦等碑刻。

十贤祠

位于广东海康县城雷州西湖公园内。宋朝以后兴建，为纪念寇准、苏轼、苏辙、秦观、李纲、李光、赵鼎、胡铨、王岩叟、任伯雨等10名贤人被贬雷州，或贬海南路过雷州而建的。室内有文天祥的"雷州十贤祠记"简述了10贤事迹。

三义庙

在四川成都市提督东街97号。始建于清初。原有四进五殿，祀奉三国时期蜀国国君刘备及蜀汉名将关羽、张飞。现仅存拜厅、正殿，正殿为 5 间两层，木石结构作硬山式、琉璃瓦盏顶。石柱上刻对联 7 副，对仗都很工整。

三苏祠

　　位于四川省眉山县城内西南角的沙谷行，原为三苏故居。三苏指北宋著名文学家苏洵（1009—1066 年），苏轼（1037—1101 年）、苏辙（1039—1112 年）三父子。据眉山县志记载，三苏先代原位赵郡栾城（今湖北省栾城县），唐代中宗神龙元年（705 年）赵郡苏味道作眉州刺史时，任内逝世，他的子孙才开始定居眉山。三苏故居三面环水，环境幽静。由于三苏在中国文学史上居重要地位，在明洪武年间（1368 年）人们将三苏故居建成三苏祠，以资纪念。并供三苏塑像，立有故里石坊。后毁于兵火。清康熙四年（1665 年）重建，同治、光绪间续有增修。1928 年辟为三苏公园，但长期被作为兵营马厩，破败不堪。1950年后国家多次修葺，征集有关三苏著述文物资料，专人管理，园林祠宇亭榭恢复旧观。今存主要建筑有大殿、启贤堂、瑞莲亭、木假山堂，云屿楼、济美堂、抱月事、披风榭、碑亭等。祠内辟有陈列室，展出宋元以来三苏著作的历代版本，以及苏轼的书法、绘画拓本。碑亭内竖有古碑数十通，其中有苏轼亲笔《马券碑》《乳母碑》《柳州碑》等。瑞莲池畔有洗墨池，传为苏轼遗物。全祠占地5.2万平方米，林木葱茏，小溪环流，布局别具匠心，富有浓郁的南方园林特色。

三贤祠

在河南开封市郊东南隅禹王台东小院。始建于明正德十二年（1517年）。清道光十年（1830年）重建。唐代著名诗人李白、杜甫，高适于唐天宝三载（744年）相携来汴，登台赋诗，留下了《梁园吟》《古大梁行》等名篇，后建以三贤祠。

其后又增祀李梦阳、何景明、合称五贤祠；以后又再增祀高叔嗣，合称六贤祠。祠壁内嵌有明嘉靖二年（1523 年）李梦阳撰、左国玑书的《修禹王庙记》碑，明嘉靖四十一年李濂撰、李蓁书的《修五贤祠碑记》。明正德九年（1514）河南巡抚陈珂撰、房瑄书的《时雨亭记》以及《抚安亭记》等石刻。

三忠祠（河北迁西）

位于河北省迁西县城西 11 公里处的景忠山。建于明嘉靖癸未。由蓟镇总兵马水始建于山上。祠内祀三三两两时期蜀国政治家、军事家诸葛亮；南宋民族英雄岳飞；南宋政治家、文学家、将帅文天祥，故名"三忠祠"。山脚下有牌坊一座，上悬御书"名初步"匾，过得此匾，昂首极目，山脚一直通往绝顶的 1872 级石阶，穿过朝仙门，便到三忠祠。

工部祠

在四川成都杜甫草堂最后一幢建筑。因杜甫曾做过节度参谋检校工部员外郎而得名。杜甫（712—770年），字子美，祖籍襄阳（今湖北襄憷），生于河南巩县，唐代大诗人。早年刻苦学习。知识渊博。曾弃官入蜀，筑草堂于成都，安家定居。一度入西川节度使严武幕。被荐为检校工部员外郎，故后人称"杜二部"。杜甫在成都居住期间作诗247首，著名的《恨别》《枯棕》《病橘》《春夜喜雨》《茅屋为秋风所破歌》等均是此时期诗作。工部祠为一室二楹，封山亮柱。高台格门，肃穆庄重。北宋元丰年间始建，后经元、明、清在代培修，奠定了现在的基础和规模祠内有杜甫和北宋诗人黄庭坚，南宋诗人陆游塑像三龛，及清代石刻人像三通，故又名"三贤堂"。黄、陆的诗歌创作都师杜甫，且都曾流寓四川。清嘉靖十七年（1812年），光绪十年（1884年）成郡县府先后将陆游、黄庭坚配祀祠中，祠门前有清著名学者王闿运撰联云："自许诗成风雨惊，为平生硬语愁吟，开得宋贤两派；莫言地辟经过少，看今日寒泉配食，远同吴郡三高。"

于谦祠

在北京市东城区西裱褙胡同。即于谦故宅。于谦（1398—1457年），字延益，浙江钱塘（今杭州）人。明正统十四年（1449年）蒙古瓦剌族入侵，英宗率兵亲征，败于土木堡（今河北怀来）被俘。京师危急，兵部尚书于谦拥立代宗。率军民奋勇抵抗，保卫了北京城。英宗复辟后。于谦以"谋逆罪"于天顺元年（1457年）被害。成化二年（1466年）特诏追认复官。万历二十三年（1595年）敕建祠，额曰："忠节"。祠3楹，中塑于谦像。有楹联："恃壮稷之灵，国有君矣；竭股肱之力，死以继之。"清顺治中，像被毁，祠亦废。清光绪时重建。现已大部被毁。

山谷祠（广西宜山）

位于广西壮族自治区宜山县。为纪念宋朝文学家、书法家黄庭坚而建。黄庭坚（1045—1105 年），宋分宁人。字鲁直，号山谷道人。尝谪居涪州，又号涪翁。治平四年进士。调叶县尉。哲宗时予修神宗实录，迁著作佐郎，升起居舍人。绍圣初，知鄂州。章惇蔡京以修实录不实，贬涪州别驾。至徽宗初召还。后又以文字罪除名，贬宜州。他于徽宗崇宁三年（1104年）5 月到达宜州，初居城西龙溪旁一个黎姓家中，他与主人关系很好，受优待。生活较安定，但引起地方官嫉妒，以种种借口逼其搬迁，后到一间寺庙中与和尚同住。地方官又以寺名"崇宁"与皇帝年号相同，他是罪臣，没有资格住，再强迫他搬到城南小南楼。崇宁四年九月三十日死于此楼中。他诗学杜甫，而能自辟门径，为江西诗派之祖。初与秦观、张来、晁補之游於苏轼之门，人称苏门四士。晚年位益黜，名益高，世以苏轼并称苏黄。善书真、行、草，以真体为第一。黄庭坚在宜山曾教民为文，做了一些好事。加上他的诗奇崛放纵与苏轼齐名，为江西诗派之祖，他的书法行、草自成风格，为北宋四大书法家之一；因此，在宋宗宁宗嘉定八年（1215 年）宜州人民即在溪旁建山谷祠，并在祠后修了一座衣冠冢来纪念他。这个地方后来又发展成龙溪书院。祠中有他的石刻像，上边刻有他自作的《像赞》："似曾有发，似俗无尘。作梦中梦，见身外身。"文化大革命中，山谷祠一度被毁，现已修葺一新。

马江昭忠祠

位于福建福州市马尾港的马限山麓，依山傍水，面对罗星古塔。光绪十年（1884 年）7 月 15 日，法国海军远征军司令孤拔率领舰队强行驶入福建水师基地马尾港，逼近中国舰队。清政府避战求和，不加戒备。8 月 23 日，法国军舰突然袭击中国舰队。福建水师仓猝应战，奋起还击。中国军舰 11 艘、商船 19 艘被击沉，海军将士死伤达 700 余人。次日马尾船厂也被轰毁。清政府被迫对法宣战，光绪十二年（1886 年），为纪念中法战争马江海战阵亡烈士而建。前后两进，正厅及两庑祀殉难官兵 769 人，前厅有石碑一方，记海战经过。祠西为基园。1920 年重修，将墓园的九垄合为一丘，重立墓碑，上书：

"光绪十年七月初三日马江诸战士埋骨处"。祠前有老榕两株，清幽肃穆。1983年重修，基园增设池馆亭榭，祠内陈列马江海战文物。

王右军祠

在浙江绍兴兰渚山下。后人为纪念东晋大书法家王羲之而建，因其曾任右军将军，故祠称"王右军祠"。王羲之（303—379年或作321—379年）字，逸少，琅琊临沂（今山东临沂北）人，东晋大书法家。初为秘书郎，历任宁远将军、江州刺史，右军将军、会稽内史。后辞官，工书法。一变汉魏以来波挑用笔，独创圆转流利之风格，兼善隶、草、正、行各体，被奉为"书圣"。正书《兰亭序》为其代表作：另有行书《奉桔》《丧乱》《孔侍中》，草书《初目帖》《十七帖》等传世，均为临摹本。祠内有墨池，墨华亭。南北有拱形小桥相通，北通祠堂，祠堂有右军像；南通祠门，门口荷花掩映。两侧是璧上嵌有唐宋以来书法家摹写《兰亭序》的碑刻长廊。

王荆公祠

在浙江省宁波市开明街。王荆公，即王安石（1021—1086年），北宋政治家、文学家，庆历进士。七年（1047年）知鄞县，兴水利，立学校。严保甲，乡民立祠以祀。明嘉靖二十四年（1545年）曾徒建于明镇明岭。后复迁今地。清同治七年（1868年）重修。现存后殿，面阔 3 间。祠内尚有嘉靖二十七年（1548年）《迁建宋荆公安石祠记》。

五公祠

在海南省海口市和琼山县府城镇之间。原为金粟庵，北宋绍圣 4 年（1097年），著名诗人苏轼被贬来海南岛，在此居住20 余日。他在海南岛儋县居住达 3 年之久，对海南的文化教育有所贡献。明万历四十五年（1617年），群众在金粟庵旧址建立祠堂，时称苏公祠。因亦崇祀他的弟弟苏辙，亦称二苏祠。清光绪十五年（1889年），又在这里建海南第一楼，纪念被贬来海南岛的唐李德裕、宋李纲、赵鼎、胡铨、李光5人，遂有五公祠之名，并以之作为此处的总称。1914年，又把楼旁的昭忠祠改为二伏波祠，以祀两汉之路博德、马援二将军。解放后，把二伏波祠改为纪念明代著名清官海瑞和理学家邱浚的邱海二公祠。祠内奇花异木，幽雅清静，苏轼开凿的二泉中，洗心泉已淤塞，浮粟泉尚存。祠堂外面还有宋徽宗书写的《神霄玉清万寿宫碑》，是研究瘦金体的重要碑刻。

太白祠（四川江油）

坐落在四川江油市城西南15公里的青莲场外一片翠绿的田畦中。为纪念唐代伟大诗人李白所建。现存祠宇共三殿两院，为清乾隆四十二年（1777年）重修。正殿原有太白塑像，已毁。殿东西端各有石碑一座，一为清嘉庆八年（1813 年）彰明县令张洪轩题《怀李太白》诗碑，一为嘉庆十八年（1813年），四川道台兼龙安府事赵金笏题《过彰明漫波渡谒李太白七古》，表白对李白的敬慕之情。殿前庭中两侧植古桂各一株，枝叶茂密，每当金秋季节，芳香四溢。太白故里碑亦在庭中。传李白5岁随父李客迁蜀，25岁（公元725年）离川，在蜀中渡过了青少年时代。

少陵祠

坐落在陕西延安七里铺南河川与杜甫川口的么路边石崖下，是纪念唐代伟大诗人杜甫的古建筑。又名"杜公祠"。

升庵祠

坐落在四川省新都县城西南隅的桂湖内。为纪念明代著名文学家杨升庵而建于清道光十九年（1839年），杨升庵（1488—1559年），为杨慎之号，字用修。四川新都人。明文学家、正德进士，任翰林修撰，经筵讲官，翰林学士，后谪永昌卫（今云南宝山）。少时即以诗文知名，后受业于李东阳门下。诗文甚多。有拟古倾向，被谪后多感愤之作。另有词、曲等杂著数百种，后人辑其诗文为《升庵集》，散曲集为《陶情乐府》。升庵祠陈列有杨升庵的大量词诗文稿，并有他生平事迹的画展。郭沫若、邓拓等同志都来此瞻仰。郭沫若挥笔为桂湖题字，邓拓同志写了一首诗："桂湖风物殆难忘，独惜升庵真迹荒。愿得未来闭岁月，为公评注好文章。"

仁威庙

在广东广州市龙津西路庙前街。始建于北宋皇祐四年（1052年），明天启和清乾隆、同治年间多次重修。这所古代的北帝庙，也是民间聚会之所。第二次鸦片战争期间，乡民曾在此倡办团练，反抗外来侵略。庙宇广3间，深5进，另有斋室数楹和浓荫覆盖的庭院，颇具规模。门前立着一对花岗石蟠龙华表，浑厚雄健。高耸的风火山墙，金碧辉煌的梁架，配以雕塑八仙人物，亭台楼阁，禅花瑞兽的砖雕、灰塑、琉璃瓦脊，可窥见当年"桂殿兰宫"盛况。正殿和殿前梁架的构件或成鳌鱼形状，或遍刻花纹，生动传神，为南方建筑珍品。

仓颉庙

位于陕西省白水县城以北的黄龙山脚下。为纪念中华民族的"文字之祖"仓颉而建。仓颉（？—？）传说中黄帝时史官，汉字创造发明者。一作仓颉，其名字至战国时始见于《荀子》等著作，说他"好书"，"作书"。近人考证是整理古代文字较有贡献者。据仓颉庙碑记载，东汉延熹五年（公元167年），仓颉庙已具相当规模，庙院总面积17亩，宋、明两代各有增修。现存前殿、正殿、后殿、献殿、戏楼、钟楼和鼓楼、东西厢房，扳厅、仓颉墓等，多为明、清建筑。后殿内塑有"四目重光"的仓圣像，相传下有隧道通入仓颉墓中。中殿有白水"一圣"、"八景"、"六贤"、"壁画"。后殿和中殿两旁陈列有历代碑刻，其中以"仓圣鸟迹书碑"、"孔子弟子题名碑"和东汉延熹五年的"仓颉庙碑"至为珍贵，后者现移至陕西博物馆碑林内。前殿有"孔子弟子颜回题字碑"，唐代杜甫这个伟大诗人也曾在这里留诗《彭衙行》一首。庙内尚有 100 多株高大的桧、柏树，多有名称，如凤凰柏、龙爪柏、柏抱槐、奎星点元、二龙戏珠等，状极瑰丽，风景甚美。现代书法家于佑任曾到此题写了"文化之祖"匾额。仓颉庙后殿的后边是仓颉墓。墓为圆形土堆，周长 44.1 米，高 3.2 米，墓顶有古柏 1 株，其四出的枝干，每年轮流荣枯，因而当地群众称其为"转枝柏"。1992 年 8 月，由社会各界集资重塑的仓颉圣像开光，对中外游人开放。

文丞相祠

坐落在北京东城北新桥南府学胡同。这里原是文天祥在南宋末年奋力抗元被俘至元大都（北京）后，受囚禁的土牢。它最早建于明洪武九年（1376 年），是由按察使副使刘崧为纪念南宋著名民族英雄而建。也是一处明代初期保留的稀有建筑。这座明初建的祠堂坐北朝南，由大门、过厅、堂屋三部分组成，占地约 600 平方米。步入过厅，首先看到的是厅中正面一尊文天祥的半身塑像。厅内陈放着文天祥的生平事迹的图片、资料。据载：文天祥就义前，元朝统治者虽多方威逼利诱，他始终不为所屈，执行官问他有无话讲，回奏皇帝仍可免死。在这生死攸关的紧要时刻，文天祥安如泰山般回答："为国而死，没有话说。"就义后，当日"大风扬沙，天地昼晦"，以至"宫中白昼或秉烛行"。元世祖曾临朝叹曰："文丞相好男子，不肯为吾用，杀之诚可惜也。"而文天祥的妻子欧阳氏，听到亲人殉国的噩耗后，悲痛欲绝，恸哭不休说，"我夫不负国，我不负我夫"，取刀自刭。一对忠心爱国的夫妇双双殉国，被后人称颂。在过厅的展览柜内是后人为纪念文天祥崇高的爱国主义精神和坚定的民族气节撰写的部分书籍、戏剧、报刊、电影、电视的刊本和照片，从中我们可以领略到文丞相一生中的坎坷和那种"富贵不能淫，威武不能屈"的民族气节与凛然正气。后院有一棵苍郁盘曲、枝叶茂盛树龄在几百年以上的古枣树，相传是文天祥被囚后亲手所植。它的枝干巧妙而自然向南倾斜，与地面约为 45 度角，表示文天祥不忘南方故国。虽然文天祥已经去了，然而这株古枣树依旧年年生长，结果。在后院堂屋正中屏风上的金字，是毛泽东同志手书文天祥《过零丁洋》名："人生自古谁无死，留取丹心照汗青。"背面录写的是文丞相在四年囚禁生活中写下的气贯长虹的不朽诗篇《正气歌》全文。堂屋原是供奉文天祥塑像进行祭祀的地方，里面现存有元刘岳申撰、明王逊刻《宋文丞相传》石碑，清《重修碑记》石碑，又增添了《宋丞相信国公像碑》。堂屋西壁嵌有《教忠坊》石刻匾。明《过文先生祠》刻石，东壁嵌着唐代大书法家李邕《云麾将军李秀碑》断碑二础石，据载是清康熙年间的有识者藏嵌于此。在堂屋上方悬挂四块木匾，上书"古谊忠肝"、"天地正气"、"仁至义尽"、"有宗存焉"，肃穆壮观。文天祥虽然是封建时代的人物，但他一生爱国爱民，他那崇高的民族气节和凛然正气，将为后人永远敬仰、传颂。

文成公主庙

在青海玉树县结古镇以南约 25 公里的贝纳沟内。是一座独立的藏式平顶建筑，分三层，通高 9.5 米，长 10.9 米，宽 10.3 米，面积约 100 多平方米。庙内有顶柱 12 根，其中顶天柱 8 根，其余 4 根立于石壁之上。庙中正设文成公主坐像 1 尊，端坐于狮子莲花座上，从坐像头部到地面将近 8 米。坐像两旁分上下两层，站立佛像 8 尊，高度亦在 3 米以上，都是在石壁上雕凿成形，然后施彩，看上去和泥塑佛像无二。佛像雕刻精细，造型质朴淳厚，生动洒脱，文静大方，纯系唐代风格。庙内两旁墙壁上有两位活佛画像，系当年建庙有功者。相传唐贞观十五年（641 年），文成公主进藏经此时短暂停留，她教当地藏族群众耕种，纺织。藏族人民便在石壁上造像以示纪念，后又修建庙宇，对雕像加以保护。庙宇坐北向南，背山面水，又隔水望山，风景幽静，山水宜人。西藏佛教信徒和中外游人，常跋山涉水，来此瞻仰朝拜。

文庙（吉林省吉林市）

坐落在吉林省吉林市。为纪念"中国的圣人"，儒家学派创始人，教育家孔子，于1742年兴建。1790年被大火烧毁。后几经修建。1909年首吉林巡抚朱家宝、提学使吴鲁认为文庙过于简陋，对孔子不够尊敬，于是选现址，仿南京文庙格局而重建。"文化大革命"中被占用。1990年10月修复开放。吉林文庙由殿堂、配庑、墙垣围成三进院落，占地16354平方米。立体建筑大成殿金碧辉煌、殿角飞檐高起，瓦顶金光灿烂，四周雕梁画栋，色彩鲜艳。殿前汉白玉浮雕阶石上游龙飞舞，祥云缭绕。由清代吉林提学使曹广桢题写的"德配天地，道冠古今"8个大字分悬于东西牌坊之上，气势非凡。主要建筑除大成殿外，还有大成门、棂星门、状元桥等。吉林文庙其规模仅次于曲阜文庙，其格局不亚于南京文庙。一般文庙都是绿色琉璃瓦，此庙却是皇家才能用的金黄色琉璃瓦，这在全国也是罕见的。

文庙（黑龙江省哈尔滨市）

坐落在哈尔滨市南岗区东大直街，始建于 1926 年 10 月，1929 年 11 月完工，占地约 2.3 万平方米，建筑面积 3750 平方米，是黑龙江省现存最完整的一组中国古典式建筑群。文庙即孔庙，是祭祀孔子的礼制建筑。由殿堂、门庑、墙垣围合成的三进院落，共有九殿二室。中院有主体建筑"大成殿"，是祭祀孔子的正殿。因孔子在中国文化史上起了"集大成"的积极作用，故得名。殿高 20 米，宽 15 米，殿内供孔子及四配神、十二先贤牌位。大殿两边是东西相对的两座配殿，内供孔子弟子的牌位。整个文庙布局严谨，规模壮观，建筑造型优美玲珑，色彩富丽堂皇，具有浓郁的民族风格。

文庙（天津市）

亦称孔庙，是过去纪念孔子的地方，坐落在天津市南开区旧城东门里，是市内保存完整、规模最大的古建筑群。创建于明正统元年（1436 年），后经明清两代扩建，成为现在规模。庙内有宫墙（照壁）、泮池、星门、大成门、大成殿、崇圣祠和配殿。它们以黄琉璃瓦覆盖，月台栏杆，雕梁画栋，金碧辉煌。庙外有过街牌坊，是天津地区仅存的过街牌坊。这种二柱三楼式木结构牌楼，在我国牌楼中极为少见。

文庙（新疆乌鲁木齐）

在新疆乌鲁木齐市前进路口。外观虽已残破，但建筑尚较完整，庙门坐北向南，正北是前后大殿，东西两侧为配殿和钟鼓楼。建筑面积约 1000 平方米。原是清政府在扩建迪化新城

（今乌鲁木齐市）时所建的文武二庙。1884年新疆建省，名为万寿宫。为纪念在收复新疆战役中阵亡将士，供奉祭祀，又名昭忠祠。辛亥革命后，改名上帝庙。1944年后，复改为文庙，举行过祭孔活动。

文家祠

在江西吉安县富田村。为宋末抗元英雄文天祥祖族祠堂。内藏文天祥画像就历代石刻多块，系珍贵历史文物。文天祥（1236—1283年），南宋大臣、文学家。字履善，一字宋瑞，号文山，吉州庐陵（今江西吉安）人。理宗宝祐年（1256年），蒙古军攻鄂州（今湖北武昌），宦官董宋臣主张迁都。他上书请斩董宋臣，并建议御敌之计，未被采纳。后历任刑部郎官、知瑞赣等州。帝显德祐元年（1275年）闻元东下，在赣州组织义军，入卫临安（今浙江杭州）。次年任右丞相，被派往元军营中谈判，被扣留。后于镇江脱险，得人民援助，流亡至通州（今江苏南通），由海路南下，至福建与张世杰、陆秀夫等坚持抗元。端宗景炎二年（1277年），进兵江西，恢复州县多处。不久为元重兵所败，退入广东，坚持抵抗。次年在五坡岭（在今广东海丰北）被俘。元将张弘范使写信招张世杰，他坚持拒绝，书所作《过零丁洋》诗以明志。次年被送至大都（今北京），迭经威胁利诱，始终不屈。于至元十九年十二月初九日（1283年1月9日）在柴市被害。后人于他所被囚的兵马司狱故址建文丞相祠，以资纪念。他于所遭险难及平生战友事迹，都作有诗歌，题名《指南录》，可称诗史。在大都狱中所作《正气歌》尤为世所传诵。遗著有《文山先生全集》。

孔庙（山东曲阜尼山）

在山东曲阜县城东南30公里尼山东麓。东濒沂河，南临尼山水库，林木蓊郁，风景清幽。是春秋末期著名思想家、教育家、儒家学派创始人孔子的纪念建筑。据《史记》载，孔子父母"祷于尼丘得孔子"故孔子名丘字仲尼。庙建于五代后周显得年间，北宋庆历三年（1043 年）增扩，建讲堂，立学舍，称尼山书院。元至元四年（1338 年），明永乐十五年（1417 年）均曾重惨，遂具现今规模。有殿堂 69 间，院落五进，大门名棂星门。大成殿黄瓦飞檐，八角石柱精雕云龙花卉。殿西为筑圣侯祠，祀尼山神；再西为启圣殿及寝殿，分别祀孔子父母叔梁纥、颜徵在。殿东有讲堂、后士祠等。尼山书院在庙北，为一独院。山根有石室，名坤灵洞，洞内旧有孔子石像及石几、石床、石桌、石凳，传为孔子观川，慨叹："逝者如斯夫"之处，后人建有观川亭。东山在前，上有孔母井、孔母祠等古迹。

孔庙（山东曲阜）

在山东曲阜县城内，南接旧城垣，东与孔府毗邻。是历代祭祀孔子的地方。孔子（前 551—前 479 年），名丘，字仲尼，春秋末期的思想家、政治家、教育家、儒家学派的创始人。殁后一年，鲁哀公将其故宅三间建为庙，"岁时奉祀"。自西汉以来，历代帝王不断对孔庙进行重修、扩建，成为一处规模宏大的古建筑群。前后共九进院落，前有棂星门、圣时门、弘道门、大中门、同文门、奎文阁、十三御碑亭。从大成门起，始分三路。中路有杏坛、大成殿、东西庑、寝殿、圣迹殿等；东路为孔子故宅，有诗礼堂、礼器库、鲁壁、故宅、崇圣祠、家庙等；西路为祭祀孔子父母的启圣王殿、启圣王寝殿及用以习乐的金堂和乐器库等。全庙共有殿堂阁庑466间，南北长1公里多，总面积327亩；周匝垣墙，配以角接，苍松古柏，森然罗列；殿宇雕梁画栋，金碧辉煌。庙内碑刻上至两汉，下迄民国，真草隶篆，各家书体俱备。巨者逾丈，小者不盈尺。种类有：谒庙、祭告、修庙、墓志、画赞、诗文、名家法帖、汉画像石等，共2200余块，是我国罕见的大型碑林之一。解放后，曾对主殿宇进行多次大修，还辟有汉魏六朝石刻，汉代画像石刻，玉虹楼法帖石刻3个陈列室。

孔庙（上海嘉定）

在上海市郊区的科学文化城嘉定县南大街。是春秋末期著名思想家、教育家、儒家学派创始人孔子的纪念建筑，嘉定孔庙刨造于 1219 年（南宋嘉定十二年）殿堂壮观，建筑宏伟，有"东吴第一"之称，为上海市辖内最大最完整的古建筑之一。大殿两侧为东西两庑，原来供着 150 个孔门弟子和历代名儒的牌位，今则分成 10 间，作为县博物馆的陈列室。大成门内有形如乌龟的 7 只青石"赑屃"，又叫"石鼋"，简称"龟坐"，系神话故事的一种动物。石碑上负石碑，记载了历次修建孔庙的历史和文献。孔庙东西，有孔门和明伦堂、碑廊等建筑。明伦堂是孔孟之徒讲学集会的厅堂。明伦堂西有一条 40 余米的长廊，1958 年嘉定县博物馆在修理孔庙时，将收集得到的无人保护的石碑、墓石、石刻等嵌于壁间，成为一座有丰富历史资料和书法艺术内容的碑廊。其中有元代名画家倪云林的画像、宋朱熹的书法。

孔庙（北京）

　　亦称文庙。坐落在北京安定门内国子监街。是元、明、清三代祭祀春秋末年著名思想家、教育家、儒家学派创始人孔子的场所。始建于元大德六年（1302 年），后被毁。明永乐九年（1411 年），又在原址重建。清乾隆二年（1737 年），把主殿殿顶换成黄色琉璃瓦。光绪三十二年（1906 年），为大祀孔子，用 10 年时间重新修缮，把原 7 间 3 进的大成殿，改建为 9 间 5 进。孔庙大门叫先师门，门外左右有下马碑，门内第一进院落设有碑亭、省牲亭、井亭等。第二进院落是主要庭院，门为大成门，殿为大成殿，该殿高大堂皇，以汉白玉为基，重檐庑殿琉璃瓦顶。殿内当年供祀着孔子的牌位。

孔庙（广西恭城）

　　在广西恭城县西山。依山就势，高低错落。建于明成化十三年（1477年），清康熙毁于兵火，道光二十三年（1843年）重修，其后修葺，大致保持原状。是后人为纪念春秋末期著名思想家、教育家、儒家学派创始人孔子而修建的。整个建筑由棂星门、泮池、大成门、大成殿、崇圣祠组成，占地3600平方米。大成殿是主体建筑，结构雄伟，重檐起翠，黄瓦朱墙，梁枋彩画，华丽壮观。建筑布局严谨，技巧、风格具有岭南作风。是广西一座保存完整的孔庙建筑。

双忠祠（江苏扬州）

在江苏扬州城东双忠祠巷内。为纪念南宋大臣李庭芝与姜才而建。南宋末年，两淮制置使（后任淮东制置使）李庭芝和士兵出身的都统姜才抵抗元兵，拒绝谢太后的降诏，弹尽粮绝壮烈牺牲。同葬梅花岭，墓久湮。乾隆四十二年（1777年），修祠宇，题"双忠祠"。咸丰年间祠毁于兵火。同治十三年（1874年），李庭芝裔孙李新田移建于现址。现祠堂已改建，

"双忠祠"石额与李庭芝纸本画像尚存。

邓子龙庙

　　坐落在朝鲜。是明代抗倭援朝爱国将领邓子龙的纪念建筑。邓子龙（1528—1598年），明万历中抗倭援朝爱国英雄。丰城（今属江西）人。字武桥。作战骁勇，由湖广参将进援朝副总兵。1597年（万历二十五年），日本丰臣秀吉再度侵朝，他从明水军提督抗倭援朝。次年丰臣秀吉死，日军将渡海遁归。他受命会同朝鲜名将李舜臣督水军千人，驾三巨舰为前锋，追击日军于釜山南海。其为人素慷慨，年逾70，意气弥厉，率领壮士200人跃上朝鲜战船，直前奋击。日军死伤无数。在激战中，战船误中火器，敌人乘之，不幸壮烈牺牲。舜臣赴救，连开虎蹲炮，击沉敌船，不幸被流弹击中，亦壮烈牺牲。中朝爱国将领邓子龙、李舜臣，在战斗中用鲜血凝成的战斗友谊，成为历史佳话，一直在民间传颂。朝鲜人民为纪念邓子龙，建有庙宇。

左忠毅公祠

简称"左公祠"。在安徽桐城县北大街。前后两进，前为大殿，占地约100平方米；后为住宅，名啖椒堂。左忠毅名光丰，字遗直，号俘丘，桐城人。明万历中举进士。天启四年（1624年），任左金都御史，不畏权势，敢抗阉党。杨涟劾魏忠贤，他参与其事，又亲劾魏三十二斩罪。与涟同被诬陷，死于狱中。乡人感其忠，特立祠祀之。

白公祠

在四川忠县县城内。为纪念唐代大诗人白居易而建。白居易（772—846年），字乐天，祖籍太原，曾祖时迁居下部（今陕西渭南北），唐代诗人。贞元进士，元和时曾任翰林学士，左拾遗、赞善大夫等职。后贬为江州司马，出任杭州、苏州刺史，官至太子少傅。晚年退居洛阳香山，自号香山居士，以诗酒咏佛为事。其诗语言通俗易懂，明白晓畅。留有《白氏长庆集》。白居易于元和十四年（819 年）任忠州刺史。忠州位于四川东部的长江之滨。据地方志记载，忠州在周代是巴国属地，秦朝置临江县，以后各代多次更名，至唐贞观八年（634 年）定名忠州。白居易一到任，就废除苛捐杂税，鼓励家民栽桑养蚕，开荒种粮，在短短的两年任内使历受兵荒马乱之苦的忠州百姓过上了丰衣足食的生活。现存忠州还四处流传着有关他的动人故事。而且，后人还在县城两郊的长江岸上，修建了一座白公祠。据记载，白公祠始建于明崇祯三年（1603 年），当时的知州马易为 800 年前的白居易之政绩和品德所感动，倡建白公祠。最初的白公祠有堂 3 楹，祀白居易雕像，堂后有醉仙阁 3 楹，堂侧作两披，楼之旁架两翼，庖厨皆备。周围广植柏、梅等，依山临水，气势恢宏。但历尽沧桑，几乎荡然无存。清道光十年（1830 年），知州金朝观又进行修缮和扩建，于堂左建大厅和船楼，殿堂前建戏楼、莲池。祠内题刻甚多，清书法家何绍基有联云："我有大裘长万丈，曾共梅花醉几场。"1984 年，忠县人民政府将白公祠列为第一批县级文物保护单位，并于次年通过财政拨款和募捐等多种途径，筹集资金数万元，将废弃的白公祠修葺一新。修复后的白公祠包括白居易在忠州任内的政绩展览、白居易诗意画陈列室以及香山茶厅、月池、醉吟阁等。

包公祠（安徽合肥）

位于安徽省合肥城南包河岛上（包墩），该岛原名无志可查。据《香花墩志》记载：包公（孝肃）原宅在合肥城内镇淮楼凤凰桥巷，巷内有包公读书台，当地人称"香花墩"，知府宋鉴在包公曾读过书的城南包河岛上修建包公书院（后改名包公祠），后人为怀念包公，遂将故宅香花墩之美名称于此，"以纪德声，志景仰欤。"祠始建明宏治年间（1488 年—1505 年），后毁于兵，顺治年间（1644—1661 年）复修，"貌虽新而轩、榭、碑、碣强半不及当年。"咸丰初年祠毁，同治二年捐建正殿停工，光绪十一年（1882年）重建，后又经几次翻修。祠平面为一封闭三合院，占地仅200平方米，正房和两厢内外有廊，入口为一横跨两厢的山墙，中间高，两头低，成一阶梯形，中间入口门洞用海棠角，两旁入口为一拱形洞门，通厢房外廊。大殿内有包公坐像，表情冷静严峻，显出浩然正气。祠室内外匾额楹联繁多，其中垂联三副分别为："照耀千秋念当年铁石冰心建谠言不希后福，闻风百世至今日妇人孺子颂清官只有先生。""一水绕荒祠此地真无关节到，停东隶遗像几人得并姓名尊。""理冤狱关节不到自是阎罗气象，赈灾黎慈悲无量依然菩萨心肠。"祠东南角有一六角龙井亭，亭顶龙头倒影水中清晰可见。祠前有石级经木桥（现改为坝）通河南岸山门，门前有影壁。四周云天倒映，曲栏迂回，现为包河公园。包拯（999—1062年），北宋庐州合肥（今属安徽）人，字希仁，天圣进士。仁宗时任监察御史，建议选将练兵，以御契丹。后任天章阁待制，龙图阁直学士。官至枢密副使。知开封府时，以廉洁著称，执法严峻，不畏权贵，当时称为"关节不到，有阎罗包老"。遗著有《包孝肃凑议》。他的事迹长期流传民间，过去小说，戏曲多取为题材，元杂剧已有《陈州粜米》等作品，以后流传日广，形成丰富的传说。

汉太使公祠

在陕西韩城市城南约 10 公里芝川镇南坡，是我国古代杰出的史学家、文学家和思想家、历史巨著《史记》的作者，世界文化名人司马迁的纪念建筑。司马迁（约前 145 或前 135—前 86 年），西汉史学家、文学家和思想家，字子长，夏阳（今陕西韩城南）人。司马谈之子。早年游踪遍及南北，到处考察风俗，采集传说。初任郎中，元封三年（前 108 年）继父职。任太史令，得读史官所藏图书。太初元年（前 104 年）与唐都、落下阂等共订太初历，对历法进行改革。后因替投降匈奴的李陵辩解，得罪下狱。出狱后任中书令，发愤继续完成所著史籍。后终成我国第一部纪传体通史，人称其书为《太史公书》，后称《史记》。此书是我国最早的通史，开创了纪传体史书的形式，书中不少传记语言生动，形象鲜明，是优秀的文学作品，对后世史学和文学都有深远的影响。太史公祠就是后人为纪念他而修建。祠创建于西晋永嘉三年（309 年），北宋年间曾数次重修，以后历代均有修葺。整座祠庙建于高起的龙亭原半岭上。东瞰黄河滩，西枕梁山，北为立壁，芝水旁流而过，南临深壑，下有古车马道，凭高远望黄河和中条山，气势十分雄浑。"太史高坟"、"韩祠芳草"为古时韩城名胜。祠庙建筑依地形而坐西向东，自坡下拾级而上，经四台，第一台为木牌坊，二台原有建筑今已不存，三台为砖砌牌坊，四台即最高处为庙院。由二台至与三台间的山门至庙门，共 99 级石阶蹬道。古人有诗题道："司马坡下如奔澜，回首坡山若飞峦。到门蹭蹬几百级，两手抠衣鸣惊喘。徐入庙庭稍平息，置身已在青云端。夹道柏林怪月秃，但闻风吹教凄然。"描写了祠庙建筑地势的险峻。庙院包括庙门及献殿和寝殿，殿后为墓冢，相传为司马迁的衣冠墓，周围用城砖甃砌，宛若一座山廓。山门及寝殿大木构架手法古朴，似为宋代遗制，其他建筑均为清代所建。太使公祠，不仅因司马迁而著名，而且由于它的古老建筑及其周围雄伟的河山景色，成为陕西的一处名胜。

司马温公祠

在浙江绍兴市下大路 98 号。为纪念北宋史学家司马光而建。司马光（1019—1098 年），字君实，陕西夏县（今山西夏县）人，北宋史学家。定丰进士，由地方官入京，历任天章阁待制兼知谏院，龙图阁直学士，翰林院侍读学士，枢密副使等。因反对王安石变法，辞归洛阳，居 15 年，撰《资治通鉴》。后出任尚书左仆射兼门下侍郎，恢复旧制。所著《资治通鉴》上起公元前 403 年（周），下迄公元 959 年（后周），年经事纬，史实系统而完备，为其后历代封建统治者鉴戒。诗文有《司马文公集》。祠为清代建筑，内祀司马光。据方志载，司马光四世孙司马伯侂助宋高宗南渡，遂居家于山阴（今绍兴），立祠奉祀，岁久颓记。至清代，由其后人重修。现存祠屋两进，坐北朝南。第一进门厅，第二进面阔 5 间，明间后槽正中原有司马光塑像，今不存。

尧庙

在山西临汾市南 4 公里。相传陶尧建都平阳（今临汾县），有功于民，后人为祭祀尧王所建。尧是传说中父系氏族社会后期部落联盟领袖。号陶唐氏，名放勋，史称唐尧。相传曾设官掌管时令，制定历法，并征得四方各部落首领同意，推举舜为继承人。尧对舜考核 3 年后，遂命舜摄位行政。他死后，即由舜即位，史称"禅让"。又说尧到了晚年欲传位于其子丹朱，舜以破坏部落民主选举制为理由，将他囚禁，放逐丹朱，遂夺其位。庙始建于晋，历经重修，现存为清代遗物。规模雄伟，布局疏朗，前有山门，殚列两侧，内有五凤楼、尧井宁、广运殿、寝宫等。尧王与四大臣宰被喻为五凤。"一凤升天，四凤共鸣"，五凤楼因此得名。尧井传为尧王所掘，为记其功，筑井亭一座。广运殿面宽 9 间，进深 6 间，重檐歇山顶，高达 27 米，形制宏伟壮丽，殿周有廊环峙，柱础雕刻精工，殿内金柱肥硕，直通上层檐下，雄健的础石上雕云龙盘绕，蜿蜒自如。龛内塑有尧王像及侍者。庙内存有碑碣十余通，载陶尧功绩及庙宇建造经过。庙东北 40 公里筑有尧陵，庙南 3 公里存有"茅茨土阶"石刻。

伏羲庙

位于甘肃省天水市西关，始建于明弘治三年（1490 年）。是人类始祖伏羲的纪念建筑。伏羲氏，一作宓羲、虙戏、伏戏、包牺、庖牺，亦称牺皇、皇羲。相传他与女娲氏兄妹相婚，为人类始祖。他始画八卦，造书契，发明网罟，教民佃渔畜牧。反映了中国原始时代开始佃渔畜牧的情况。又说他与女娲氏禁止二兄妹通婚，制定嫁娶之礼。一说伏羲即太皞。嘉庆三年（1524 年）重修，清代数次重修，仍保持明代建筑风格。

规模宏大，庙宇壮观。院中有几十棵挺拔的苍松古槐，相传过去曾有白鹤飞栖树上，为此建有来鹤亭。庙内还有塑像、壁画、碑碣等珍贵文物。当地相传，农历正月初九为伏羲诞辰。这一天，天水群众扶老携幼前往庙中朝拜。

朱子祠

在福建连江县丹阳镇内。为纪念南宋理学家朱熹而建，历代修葺，建筑物保存尚好。朱熹在中年时期曾几度来连江县丹阳、上山、贵安、朱步、小沧等地游览讲学。宋淳熙十五年（1188年）因兵乱避居宝林寺。绍熙四年（1193年）到小沧、七里等山区养病，在此编纂《楚辞集注》。在他步履走过的贵安、朱步等地，后人以更地名纪念。祠堂建筑宏伟，面积2000多平方米，单层歇山式屋顶，纯杉木结构，雕梁画栋，蔚为壮观。周设花圃假山，门坊嵌"朱子祠"匾，门坊两边段两只青石雕琢的狮子，肃穆庄严。1982年改作少年图书馆。朱熹

（1130—1200 年），南宋哲学家、教育家。字元晦，号晦庵。别称紫阳。徽州婺源（今属江西）人，侨寓建阳（今属福建）。曾任秘阁修撰等职。主张抗金，但强调准备。被韩胄派目勾"伪学"。他广注典籍，对经学、史学、文学、音律以及自然科学均有不同程度的贡献。在哲学上发展二程（程颢、程颐）关于理气关系的学说，集理学之大成，建立起一个完整的客观唯心主义的理学体系，世称朱程学派。其著作有《四书章句集注》《周易本义》《诗集传》《楚辞集注》，及后人编纂的《晦庵先生朱公文集》和《朱子语类》等多种。

朱熹祠

在福建泉州市东郊约 5 公里的法石镇上帝富旁的海印寺内。建于宋，相传南宋理家朱熹在泉州讲学时，常到此游历，在寺内楼上观潮，手书"天风海涛楼"匾额，今废。后人在寺右建朱熹祠，以纪念这位理学家。现存大门和正殿，内有朱熹塑像和石刻。

刘文成祠

位于浙江省青田县的著名风景区石门洞，石门洞是由对立的两峰而形成的拱门，门内为山谷。谷内有刘文成祠，是后人纪念刘伯温在此读书而修建的。刘基（1311—1375年），字伯温，浙江青田县人，明初学者。曾仕元，后投朱元璋，历任太史合、御史中丞、弘文馆学士，封诚意伯。朱即位称帝，诸大典制法法规多出其手。博通经史，尤精象纬之学，善察识人才。有《诚意伯文集》。祠附近有瀑布，高达96.3米，从悬崖上跌宕而下，形成三折，李白曾有"喷壁洒素雪，空蒙生昼寒"之句赞之。在瀑布前的泻银桥下有"石屋"、"石床"，相传是当年刘基休息的地方。

许南阁祠

在河南郾城县城内。为纪念许慎而建。许南阁即许慎（约

58—约147年），字叔重，汝南召陵（今河南郾城东阁）人，东汉经学家、文字学家。初举孝廉，后任汶长、太尉南阁祭酒等职。曾从贾逵受古学，博通经籍，所著《说文解字》，为我国第一部说解文字原始形体结构及考究字源的文字学专著，对后世影响极大。另有《五经异义》《淮南鸿烈解》等书已佚。祠初建于宋，清重建。原有屋宇十余间，后一度改作他用，许慎塑像亦不存。今庭堂内设有"汉太尉南阁祭酒许讳慎字叔重之位"。近旁郾城簧学大成殿原设"先贤"座位，列许慎名。现祠经翻修，在县第一中学内。

关天培祠

坐落在江苏省淮安县东街。为纪念鸦片战争中为国捐躯的广东水师提督关天培而建。关天培（1780—1841年），清代鸦片战争中爱国将领。字仲因，号滋圃，江苏山阳（今淮安）人。行伍出身。道光十四年（1834年）任广东水师提督。他在广东训练水师。修筑炮台，多次击退英国侵略军的进攻。道光二十一年（1841 年）2 月，英军进攻虎门炮台时，他在靖远炮台孤军奋战，英勇牺牲，遗稿有《筹海初集》。祠占地近400 平方米。祠堂内神座上塑有关天培坐像，两边有家丁和亲兵侍卫。侧墙上悬有清道光帝特旨所擢升关天培为广东水师提督的诏书复制件，以及三幅身着微服和官服的关天培画像。祠堂门口挂有林则徐题写的挽联。

关羽祠

位于湖北荆州城南门附近。始建于明太祖洪武二十九年（1396 年），清乾隆五十三年（1788 年）重修。内悬乾隆御题匾额"泽安南纪"4 字，大门前原有高大牌楼，为六殿三重建筑。大殿东侧有鼓楼，西侧为钟楼，其后是正殿。中间耸有一高大戏台。刘（备）关（羽）张（飞）桃园三结义塑像置于三义殿神座上。现祠为 1986 年动工依清代规模和风格重建，占地 1.3 公顷，建筑面积 2000 多平方米，内有不少清代遗物，院内有参天古银树两株。关羽，三国时期蜀汉著名大将。

关岳庙

在北京西城区鼓楼西大街 149 号。初建于清末，1939 年和 1940 年两次重修。解放后又重修。原为清末醇亲王祠堂，民国后祀关羽（三国时期蜀汉大将）、岳飞（北宋抗金名将）。建筑雄伟，原格局保存完整。庙坐北朝南，分三进院，其中中院两旁各有跨院。后院为主要建筑，正殿 7 间，面阔 26 米，进深 13.8 米、并有月台，四周有石栏杆，望柱头为浮雕龙戏珠或凤凰。大门内的照壁长 32 米，高 8 米，厚 2 米，为琉璃砖砌。照壁后的殿堂曾命名为武德堂，内有 1940 年刻的《武成王庙崇祀历代名将传赞》刻石。现存 16 块，每块长 0.95 米，宽 0.38 米。解放后曾是西藏达赖喇嘛驻京办事处，现为西藏自治区驻京办事处住所。

关帝庙（山西运城）

在山西运城市解州镇西关。背靠银湖（盐池），面对中条山，景色秀丽。解州东南 10 公里常平村是三国蜀将关羽的原籍，故解州关帝庙为武庙之祖。创建于隋开皇九年（589 年），宋、明时曾扩建和重修，清康熙四十一年（1702 年）毁于火，经十余年后修复。现庙坐北向南，总面积 1.8 万多平方米，内外古柏苍翠，百花争妍。平面布局分南北两部分。南为结义园，由牌坊、君子亭、三义阁、假山等组成，亭内有线刻结义图案一方。四周桃林繁茂，大有三结义的桃园风趣。北部为正庙，分前后两院。前院以端门、雉门、午门、御书楼、崇宁殿为中轴，两侧配以石坊、木坊、钟鼓楼、崇圣寺、胡公祠、碑亭、钟亭等；后院以"气肃千秋"牌坊为屏障，春秋楼为中心，刀楼印楼为两翼，气势雄伟。并后院自成格局，但又是一个统一的整体。前后有廊屋百余间围护，形成左右对峙而又以中轴线为主体的我国古建筑传统风格。布局严谨，规模完整，建筑以春秋楼和崇宁殿最为精致。

羊杜祠

位于湖北襄阳岘首山。为纪念晋驻守襄阳名将羊祜、杜预而建。始建于宋。羊祜（221—278 年），西晋大臣、军事家。字叔子，泰山南城（今山东费县西南）人。魏末任相国从事中郎，参与筹划灭吴，制定平吴之策。泰始五年（269 年），以尚书左仆射都督荆州诸军事，出镇襄阳，加车骑将军，咸宁初拜征南大将军。在镇十年，开屯田，储军粮，缮甲训卒，筹划方略，作一举灭吴之备。后屡请出兵攻吴，未被采纳。死后，由杜预继任。杜预（222—284 年），西晋大臣，军事统帅，著名学者。字元凯，京兆杜陵（今陕西西安东南）人。他多谋善断，时称"以讨伐战一当万"。咸宁四年（278 年），羊祜死后，任镇南大将军，都督荆州诸军事，镇襄阳。力主出兵灭吴。太康元年（280 年），与王濬等分道出击，克江陵（今属湖北），招降南方州郡，一举灭吴，统一全国，功封当县侯。灭吴后，在镇兴修水利，受益田地达万余顷。后入京任司隶校尉，在途中病死。他博通政治、经济、法律、天文、算学、工程诸学，号为"杜武库"，曾创造连磨。自称有《左传》癖，著有《春秋左氏经传集解》，为后世通行的《左传》注本。

米公祠（湖北襄樊）

在湖北省襄樊市樊城西南角。原名米家庵，是纪念宋代书法家米芾的祠宇，始建于明代。米芾（1051—1107 年），北宋著名画家，初名黻，字元章。号襄阳漫士、海岳外史等，世称米南宫，因举止"颠狂"，又称米颠。据载，他初到无为知军任上，觅得一块奇石，亲跪参拜不已。清人陈锷《米元章祠》一诗云："墨宝纵横不可攀，残缣还觅米家山。阮狂汲懑颠谁及，拜石风流激懦顽。"据县志载，清雍正五年（1727 年）曾将祠前土墩划归祠内，并建亭墩上，又寻得米芾墨迹，刻石立于祠中。现仍存米芾书法石刻 34 块。

米公祠（安徽无为）

在安徽无为县城图书馆院内。原名宝晋斋，是纪念米芾的建筑。米芾于北宋崇宁年间出任无为军知军，创作了大量的书画作品，后人将他的笔墨题刻收藏起来，作为纪念。现存建筑为清代重建。祠为一长排平房建筑，清砖小瓦，外壁石灰粉墙，内壁遍嵌书法碑刻 130 余方，其中有米芾的"白菜"画、"阳关画题跋"、"宋真宗御制文宣王赞"篆书等稀世珍品及其他名士的书碑。祠侧有墨池、投砚亭等处，为米芾临池挥墨之所，有其手书的"墨池"二字。四周风景佳丽，远山近林，天光云影，浑然一体。现为省重点保护文物。

妈祖庙

位于福建省莆田市湄洲岛上。妈祖，原名林默，生于 960

年农历三月二十三日。相传妈祖生前能治病救人，还曾单身出海，救助过不少海上遇险的船只，渔民们追念她的功德，把她尊为"海峡女神"。后来她死了，人们为了纪念她，就在湄洲岛上建起了一座妈祖庙。妈祖庙大门的石柱上，镌刻着一副楹联，曰：齐齐齐齐齐齐齐齐齐齐戒，朝朝朝朝朝朝朝朝朝朝音。此联相传是莆田才子戴大宾十七岁中探花时。游祖庙所撰。此联里有的齐应读作"斋"，有的"朝"应读作"潮"，读为：齐齐斋齐齐斋齐齐斋斋戒；朝朝潮朝朝潮朝朝潮朝潮朝潮音。上联与人们祭奉妈祖前的习俗和人们的虔诚心情有关，说在祭奉妈祖前要淋浴更衣，戒酒吃素。下联是状写湄洲岛下，海浪拍击礁石的声音，更给妈祖的圣地添上一份神奇的伟力。

孙叔敖祠

简称"孙公祠"。在安徽寿县城南 30 公里的安丰塘北端。

为纪念春秋楚相孙叔敖兴修安丰塘（芍陂）水利而建。孙叔敖，春秋时楚国思期（今河南淮滨东南）人。名敖，字孙叔，一字艾猎。官令尹。邲之战，辅助楚庄王指挥楚军，大胜晋军。曾在思期，雩娄（今河南商城东）兴修水利工程。又相传开凿芍陂（今安徽寿县安丰塘），蓄水灌田。北宋文学家、政治改革家王安石有诗句："楚相祠堂仍好在"，可见祠建于北宋或北宋之前，明清两朝迭有修葺。现存大殿3间，碑库3.5间，碑碣12方，其中有明万历时造孙叔敖像，清书法家梁书《重修安丰塘记》。对研究我国著名水利设施安丰塘有一定的价值。

阮家祠堂

在江苏扬州毓贤街。为清代学者阮元的家祠。阮元（1764—1849年），字伯元，号芸台，仪征人，乾隆五十四年（1789年）进士，历居要职，晚年入京为体仁阁大学士。积极提倡学术研究，编刻校勘图书，学识渊博，是"扬州学派"中的代表人物。著作：《诗书古训》《曾子注释》《十三经注疏校勘记》《积古斋钟鼎彝器款识》《畴人传》《广陵诗事》等。祠建于嘉庆年间，祠址本隋曹宪故宅。现大门厅，二门厅，祠堂等均为原有建筑。

严子陵祠

位于浙江桐庐县城西 15 公里富春山严子陵钓台旁。建于北宋景佑年间。严光（？—?)，一名遵，字子陵，会稽余姚（今浙江余姚市）人，东汉初学者。本姓庄，避明帝讳改。少有高名，与刘秀同游学。刘秀称帝，授谏议大夫，不久，归隐于富春山（今浙江富阳、桐庐境）。年八十，于家耕钓以终。著作今不传。祠中有历代碑记多种。四周山色青翠秀丽，山下江水清澈见底，素以山光水色佳美著称。

苏公祠（山东蓬莱）

坐落在山东蓬莱县城北 1 公里丹崖山巅蓬莱阁东。为纪念北宋杰出文学家、书画家苏轼而建。因蓬莱有海市蜃楼奇观，当年苏轼到此一游，写下《海市诗》云："东方云海空复空，群仙出没空明中，荡摇浮世生万象，岂有贝阙藏珠宫。"并题楹联一副："海市蜃楼皆幻影。忠臣孝子即神仙。"后人建祠为纪。祠占地面积 20 平方米。祠内有苏东坡像刻石拓本，系近年拓于广州六榕寺（原有画像久失）。壁间有清人翁方纲《海市诗》楷字刻石，另有行书残石 3 方，拓刻苏轼《海市诗》《望海》。"苏公祠"匾额为舒同书写。

杜公祠（陕西樊川）

位于陕西省樊川的朱坡与皇子坡之间。为纪念唐代伟大诗人杜甫而建于明世祖朱厚熜嘉靖五年（1526年）。在明万历五年（1577年）和清康熙四十一年（1702年）曾两度修葺。清乾隆末年毁于火焚。清嘉庆九年（1804年）重建，地址略有移动。新址与樊川八大寺院之一的牛头寺毗邻。祠院花木葱郁，疏影拂窗，古槐盘绕，翠柏参天。祠内有大殿一座，两边筑有厢房。宽敞的大殿里，安放着杜甫彩色塑像一尊，庄重肃穆，眉间流露出抑郁的神情，再现出诗人生前忧民忧国的爱国精神。大殿两侧的走廊上，镶有明清两代重修杜公祠的碑石，是考察杜甫公祠修建历史的重要文物。在大殿两侧的高台上，坐落着一座小殿，有关杜甫的生平事迹就在这里展出。解放后，人民政府拨款进行维修，并于1950年在祠内建起"杜甫纪念馆"。今日杜公祠基本保留着清嘉庆年间重建后的面貌。

杜公祠（陕西延安）

位于陕西延安市七里堡中段，杜甫川（马家湾）口，坐东面川。唐天宝十五年（756年）八月，杜甫在羌村闻肃宗即位于灵武，即只身赴延州，投奔灵武。相传他到延州后曾在川口脱鞋作枕，露宿一夜，后人为此建亭纪念，川也因此得名。宋代名臣文学家范仲淹曾题书"杜甫川"3字，刊刻于石崖间。后因年久日深，字迹湮没。清道光二十七年（1847年），肤施知县陈炳琳重书"少陵川"3字，刊刻崖间，并重建杜公祠。1984年，延安市人民政府拨款重修杜公祠。杜公祠系依崖凿石而成，宽4米，深高各3米。窟门有砖木结构接檐，内有坛台，高0.9米，宽2米，窟顶有八卦图浮雕。祠内基坛上，重塑了杜甫精神矍铄、青衣麻鞋、和衣而卧的塑像，极富于生活气息。窟檐刻横额："北征遗范"，对联："忠不忘君樱契深怀案诗史，清堪励俗富延旅寓洁臣身"，门横额为"府左拾遗杜公祠"，对联为"清辉近接富州月，壮策长雄芦子关"。窟右上方有高1.2米，全长5.2米摩崖石刻"少陵川"3个大字。新辟陈列室一间，展出反映杜甫生平的图片，重修了"望杜亭"。

杜公祠（陕西西安）

位于陕西省西安南郊 12 公里处，长安县韦曲镇东南 1.5 公里的双竹村。北倚雄伟的少陵原，西邻牛头寺，东接杜曲，南临樊川。唐天宝五年（746 年）后杜甫流寓长安，曾在少陵原上居住，后人在此旧游之地立祠纪念。祠创建于明代嘉靖五年（1526 年）。又在明万历五年（1577 年）和康熙四十一年（1702 年）两度修葺，后因被火烧，至清嘉庆九年（1804 年），一些读书之人在这里重建。祠堂高大轩敞，享殿正中是杜甫的塑像，塑像东侧又有诗人朝服半身石刻像，表现出诗人耿介狷狂的性格。殿左侧的碑廊上，镶有明清时代重修杜公丰司碑石 6 通。向西有厢房 3 间，内有诗人画像数幅，有近人所写的《三吏》《三别》6 幅。壁间悬有乾元二年"府太中严公九日南山诗"拓片，是现存的诗人唯一笔迹。杜甫祖籍京兆杜陵（今陕西省西安市），公元 712 年出生于河南巩县（今河南省巩县），卒于公元 770 年。在他 58 年生涯中，有十余年是流离于陕西，其中有 10 年是在长安寄居的，可以说，长安是他的第二故乡，并为自己取号"少陵野老"、"杜陵布衣"，又命名其诗文集为"少陵集"，杜公祠就是为纪念这位爱国诗人而修建的。历代多少文人墨客来到这里为之流连忘返。岭南三大家之一清诗人屈大均游杜公祠曾题诗道："城南韦杜㶏川滨，工部千秋庙貌新。一代悲歌成国史，二南风化在骚人。少陵园上花含泪，皇子陂前鸟弄音。稷弃平生空自许，谁知祠客有经纶。"寥寥七言八句，概括了杜甫一生远大的政治报负和壮志未酬的坎坷境遇，成为一时的绝唱。祠内修建有杜甫事迹展览室 3 间，内陈列"杜公祠说明"、"杜甫在长安行迹图"及有关文物资料等。祠内花草茂盛，树木成荫，环境优雅，是一座小巧的北方园林式的庙祠。1960 年辟为"杜甫纪念馆"。

李杜祠

在四川绵阳市开元场东北 1 公里的芙蓉溪东岸。唐代大诗人李白、杜甫都曾相继来过绵州，后人建祠纪念他们。祠前为清澈蜿蜒的芙蓉溪，祠后是葱茏的富乐山。现存大门、照壁、水榭、大殿、水池等，为清光绪年间建。祠内原存碑刻匾额较多，现仅存清光绪年间的石碑两通。

李纲祠

位于福建邵武市内九曲之五曲。建于南宋淳熙十三年（1186 年），奉祀宋丞相李纲。李纲（1083—1140 年），宋邵武（今属福建）人，字伯纪。政和进士。累官监察御史兼权殿中侍御史，以言事得罪权贵，贬官比部员外郎。宣和七年（1125 年），任太常少卿。靖康元年（1126 年），金兵围攻开封，他劝钦宗南逃，以尚书右丞任亲征行营使，三日之内完成战守设施，团结军民，奋战击退金兵。旋被罢职，太学生陈东等伏阙上书，军民数万人也群起反对，钦宗被迫将他复职，充京城四壁守御使。不久又被门下侍郎耿南仲等所排挤。次年，金兵陷开封，掳徽、钦二帝北去。高宗在南京（今河南商丘）即位，起为宰相。力主改革军制，整顿纪律，积极备战，惩汉奸张邦昌等，并请用两河义军收复失地。在职 70 天，又被黄潜善、汪伯彦排挤。后历任湖广宣抚使兼知潭州等职，多次上疏陈说抗金大计，主张惩往事，修军政，审号令，明赏刑，均未被采纳。著有《梁溪集》《靖康传信录》《建炎时政记》等。南宋理学家曾为之撰建祠碑记。此祠历代均有维修，现存建筑物有清末民国初年重建。祠内有古桧树一株。1983 年按明代建筑布局全面修葺，除原有祠厅、厢房、天井之外，另新建大门、长廊、碑亭等。大门横额镌刻"李忠定公祠"。1984 年辟为李纲纪念馆。

杨升庵祠

在云南昆明西山高村普贤寺右。背靠西山，面临滇池，风景优雅秀丽。明万历年间，将杨升庵旧居碧峣精舍改建为祠，供奉其塑像。清代重修。清康熙二十八年（1689 年）重建。杨升庵（1488—1559 年），名慎，字用修，四川新都人，24 岁殿试第一，故人称杨状元。授翰林院修撰。学识渊博，刚正不阿。嘉靖三年（1524 年）因参与跪谏嘉靖皇帝追封其父母为帝后的"议大礼"，被廷杖削职后，充军云南永昌卫（今保山），后移居昆明高峣碧蛲精舍。与云南文人李元阳、唐锜等结为滇南七子，在昆明大理，建水间讲学，传播内地文化。搜集整理云南历史、地理、民族民间文学，生平著作甚多，留存至今者 120 余种，汇集为《升庵集》，对云南地方民族历史、地理、文学均有贡献。今正殿已圮，厢房尚存，还有"海庄"、"常住"。碑各一方。

杨炯祠

位于浙江衢州城北 35 公里的盈川村。史载杨炯为唐代四杰之一，曾为盈川县令，民感其德建祠奉祀。杨炯（650—693

年），唐诗人。华阴（今属陕西）人。12 岁举神童，授校书郎，后官盈川令。为"唐初四杰"之一。擅长五律。其边塞诗气势较胜，但有些作品未能尽脱绮艳之风。原有集，已散轶，明人辑有《盈川集》。从唐代至今庙址三迁，现存建筑系 1930 年重建。总体布局按 3 条纵轴线组成平面正方形，以中轴线四合院式杨炯祠为主体建筑，其东面横排二楹配殿，祠西为观音堂。杨炯祠和观音堂各由前殿、中殿、甬道、天井、后殿组成。整个建筑一承清代营造法则，皆用硬山大小式，坐北朝南，面临衢江，距楹川古码头不远。

花木兰祠

在河南虞城县城南 35 公里周庄村南。面积约 7200 平方米，建筑物百余间。祠院内外有唐槐翠柏，苍劲古雅，每年四月初八在祠前兴办古会，祭祀花木兰，热闹非凡。原祠于 1943 年被毁，现存石碑两通。一为《孝烈将军祠像辨正记》，元元统二年（1334年）立，通高2.9米，宽0.91米，厚0.27米，龟座、碑头雕刻二龙戏珠，阴刻篆字题名，碑文正书。另一通为《孝烈将军祠辨误正记》，清嘉庆十一年（1806年）立，高2.14米，宽0.78米，厚0.245米，方座，碑额刻有盘龙，篆字题名，碑文正书。传木兰本姓魏，隋代人，女扮男装，代父从军，屡立战功，凯归。帝封官嘉奖，木兰不受，恳奏省亲。帝欲纳诸宫中，木兰以死拒之。帝警悯，谥孝烈将军。

寿山将军祠

位于黑龙江省齐齐哈尔市区西郊沙龙公园。寿山（1860—1900年），清末爱国将领。字眉峰，清朝汉军正白旗人，世居黑龙江瑷珲，系明末抗清名将袁崇焕之后。1894年中日甲午战争爆发，日军侵犯辽东，他自请赴前敌效力，任步兵统领，数与敌战，在凤凰城战役中，勇猛杀敌，虽负伤多处。仍顽强奋战。1899年任黑龙江将军，积极奋战，加强边守。次年，俄军进犯。制造"海兰泡"和"江东六十四屯"等惨案，屠杀中国无辜百姓，他愤然向俄开战。7月，俄军向齐齐哈尔进犯，他奋力御敌，后战败自杀。绝命书中有"修内政，御外侮，设民官，开荒务"等语，慷慨陈词，以碧血表丹心。祠由山门、前殿、后殿、东西厢房组成。现祠修葺一新。

医圣祠

位于河南省南阳市东关温凉河畔，是纪念东汉末医学家张仲景的祠庙。张仲景（150—219年），东汉医学家，以精通传染病和内科杂病医术闻名于世，被尊为"医中之圣"。著有《伤寒杂病论》和《金匮要略》等书。始建于明代以前，重建于清顺治年间。坐北向南，三重院落占地近2公顷。位于中轴线的建筑有：大门、双碑亭、山门、张仲景墓、中殿。两侧有汉阙、两廊、双狮、两厢两庑。汉阙、大门为仿汉代建筑，门上嵌有郭沫若题写的"医圣祠"匾额，门内有《伤寒杂病记序》巨幅石刻。双碑亭为重楼六角攒尖式建筑，前院两廊为"张仲景组画"和历代名医石刻画像。山门为三间四柱式建筑。张仲景墓是医圣祠的主体建筑，墓前立清顺治十三年（1656年）刻《长沙太守医圣张仲景先生之墓》碑1通。正殿有明万历元年张仲景塑像，两庑陈列中草药和历代医学名著，专供中医爱好者研究医学之用。解放后，大加重修，并设立张仲景纪念馆，陈列和展出他的生平和医学成就。

狄仁杰祠

坐落在河北省大名县孔庄。狄仁杰（607—700年），唐大臣。太原（今属山西）人，字怀英。举明经，历任汴州司法参军、并州都督府法曹参军、大理丞、侍御史等职。垂拱四年（688年）任江南道巡抚大使，奏毁淫祠1700余所，后为豫州刺史。武则天即位后，以地官侍郎同凤阁鸾台平章事，遭来俊臣诬陷，几乎被杀，贬为彭泽令。万岁通天元年（696年）起用为魏州刺史。神功元年（697 年）复相。时武承嗣、武三思营求为太子，他劝武则天复立废帝中宗为太子。旋又任河北道行军副元帅，率军 10 万追击突厥兵。后入为内史，上书谏阻武则天造大佛像。以知人著称，所荐引的桓彦范、敬晖、姚崇、张柬之等，均为当时名臣。

宋贤真夫子祠

在福建浦城县城龙潭门弄。原为南宋学者真德秀讲学处。始建于宋宝庆三年（1227 年），名西山精舍。元延祐年间（1314—1320 年），其裔孙渊子在精舍房建西山书院。明洪武九年（1376 年），在旧址建"宋贤真夫子祠"，祀真德秀。清咸丰八年（1858 年）毁于火；同治八年（1869 年）复建，为双屋歇山式建筑，砖木结构，占地 400 余平方米。今门坊、中亭、大殿尚在，是浦城现存古代建筑中最完善者。

言子祠

位于江苏常熟市虞山镇学前街。是祭祀言子的专用建筑。言子（前506—前443年），名偃，字子游，春秋末吴国（今江苏常熟县）人，孔子得意门生，文学家。因其长文学和礼乐，是孔门唯一的南方人，故称"南方夫子"。曾为武城（今山东费县西南）宰，提倡以礼乐教民，境内有弦歌之声，为孔子而赞许。著作今不存。祠始建于宋，重建于元，明成化二十二年（1486年）从明伦堂北移建于文庙东。以后经康熙、乾隆、同治等朝代修葺。现祠内保持正殿，木结构部分仍保持元代形制。

辛稼轩纪念祠

简称"稼轩祠"。在山东济南大明湖南岸。为纪念南宋著名爱国词人辛弃疾而于 1961 年建，1980 年重修。辛弃疾（1140—1207 年），南宋词人，字幼安，号稼轩，历城（今属山东）人。曾在家乡参加抗金起义。南渡后历任地方官吏，坚持抗金主张，屡次上书朝廷，竟遭贬谪。词作深沉慷慨，与苏轼并称"苏辛"。为豪放派魁首。著有《稼轩词》及《美芹十论》《南渡录》等。祠为民房式建筑，院落两进。坐北朝南。大门悬陈毅手书"辛稼轩纪念祠"匾。两厢有叶圣陶、邓广铭、臧克家等纪念辛弃疾的诗词墨迹。过腰门两侧均抄手游廊，正厅为卷棚顶式，郭沫若题抱柱楹联云："铁板铜琶继东坡高唱大江东去；美芹悲黍冀南宋莫随鸿雁南飞。"厅内陈列辛弃疾塑像、生平事迹的重要资料和各种版本的著作。厅后有临湖茶楼和伸入湖中的九曲亭。

初祖庵

在河南洛阳少林寺西北。初祖即达摩。达摩（？—约 537

年），即菩提达摩，南天竺（今印度）人，北魏高僧，中国佛教禅宗始祖。传其于南梁天监初渡海入中国弘扬佛法，至北魏孝昌三年（527年）在河南少林寺首创禅宗。后佛教禅宗尊达摩为初祖，称少林寺为初庭。现存一殿、两亭、一阁等建筑。大殿建于北宋宣和七年（1125年），是河南省现存最早的木构建筑。殿门两侧有砖雕楹联："在西天二十八祖；过东土初开少林。"内供达摩及二祖、三祖、四祖、五祖像。殿内石柱上刻有气度威严的武士，活泼的游龙，潇洒的舞凤、飘然若生的飞天，浑圆的盘龙，凤戏牡丹，孔雀穿花，群鹤闹莲，神台须弥座及殿墙石护脚上的卷草、猛狮、麒麟、水兽等浮雕，无不生动传神。大殿外东南有古柏1株，相传为唐初禅宗六祖慧能从广东携来栽植于此。殿房四周还保存有黄庭坚的达摩颂碑，蔡卞的达摩面壁之庵等刻石。

况公祠

在江苏省苏州市西美巷，与西美巷招待所毗邻。祠初建于府学，后移祠于现址。况钟（1383—1443年），江西靖安人。自明宣德五年（1430年）起，任苏州知府，大力改革弊政，平反冤狱，深得民心。在任十三年，政绩卓著。后病死于苏州任上，苏州百姓为他立衣冠冢于阊门外杨柳湾，并在府学内建祠设祭。后因其地过于偏狭，又于清道光六年（1826年）在西美巷另建况公祠；咸丰十年（1860年）毁，同治十一年（1872年）重建，1933年重修。祠由4个院落组成，主要建筑有大殿、戏台、走马楼等。祠基与苏州府署仅一垣之隔，况钟生前曾在此筑辟疆馆读书会客。

沈葆桢祠堂

在福建省福州市乌石山南麓，面临乌山路。建于清光绪间（1875—1908年）。沈葆桢（1820—1879年），清道光二十七年（1847年）进士，同治五年（1866年）由左宗棠推荐，任福建船政大臣，后以钦差大臣办理台湾防务，主持煤矿开采，对开发台湾颇有贡献。祠堂原为明代许家石林园的部分土地，门额题"沈文肃公祠"。入门有一座四方碑亭，亭侧有一口园池，上跨石桥，祠宇依山逐渐升高，祠厅为五开间的木构建筑。旧时供有沈氏夫妇塑像。他的夫人系林则徐次女，名普晴，是一个很能干的女子。沈葆桢一生事业，得到她的不少帮助。

张子祠

在陕西眉县东南 25 公里的横渠镇。为纪念北宋哲学家张载而建。张载（1020—1077 年），字子厚，以翔郿 5 县（今陕西眉县）横渠镇人，世称横渠先生，北宋哲学家。曾任崇文院校书等职，讲学关中，其学派被称为"关学"。著作有《正蒙》《经学理窟》《易说》等，编入《张子全书》中。祠始建年代不详，据现存碑石记载，元仁宗祐七年（1320 年）曾重修，明、清以来多次修葺。现祠内有正殿 5 间，献殿、过厅、后殿各 3 间，颇为壮观。祠内陈列有关张载的历史文物，门前竖立"张子故里"碑石一块。清代曾在此设立著名的横渠书院。现为省重点文物保护单位。

张飞庙

又名"张桓侯庙"或"张桓祠"。位于四川省云阳城。是前人为纪念蜀汉名将张飞而建的。张飞（？—221年），三国蜀汉大将。字益德，涿郡（治今河北省涿县）人。东汉末从刘备起兵。曹操取荆州，刘备败于长坂（今湖北省当阳东北），他率骑拒战，曹军不敢近。后随刘备取益州，任车骑将军。当时与关羽同称"万人敌"。章武九年（221年），从刘备攻吴，临行，为部将刺死。为纪念张飞后人建庙以祀。云阳县志金石篇《重修张桓侯庙碑记》载明："汉车骑将军张桓侯，当昭烈入蜀时，分定郡县，其功于蜀最多，蜀民祀侯尤虔"。张飞庙始建于1700年前，后经历代修茸，现在保存的张飞庙为宋明清三代的建筑。据文献记载在宋代熙宁年间（1068—1077年）

曾进行了一次大修葺扩展了地基，形成今日的格局。张飞庙依山取势，气象万千。这里的建筑有：正殿、旁殿、结义楼、望云轩、助风阁、得月亭、杜鹃亭等等。庙内雕梁画栋之间，陈列着石碑、摩崖石刻等 190 余件，木刻书 217 幅。其中有汉录《张表碑》，唐大书法家颜真卿的草书《争坐位帖》等，此外清代何绍基、郑板桥等 20 多人的名家书画都有收藏，有"张祠金石，甲于蜀东"之誉。庙内陈列各种珍贵历史资料及文物300 多件。

张仲景祠

长沙市人民为了纪念张仲景这位"医圣"，曾于乾隆八年（1743 年）建祠。嘉庆二年（1797 年）和光绪二年（1876 年）做过两次大的修复，只是抗战时期被烧毁。建国前夕，长沙中医界又募捐重建，使之成为长沙古城名胜古迹之一。张仲景，汉末著名医学家。名机，南阳郡（今河南南阳市）人。学医于同郡张伯祖。相传曾任长沙太守。当时伤寒流行，病死者很多。他钻研了《内经》《难经》《胎胪药录》等古代医书，并广泛收集有效方剂。著《伤寒卒（杂）病论》，其书辗转流散，经后人多次收集整理，成《伤寒论》《金匮药略》两书，分论外感热病与内科杂病。倡六经分证和辨证论治原则，具体阐述寒热、虚实、表里、阴阳的辨证。及汗、吐、下、温、清、和等治法，总结了汉以前的医疗经验，对祖国的医学发展有重大贡献。

邵雍祠

俗称"邵夫子祠"。在河南辉县城西北苏门山下百泉村。明诚化六年（1470 年）建。为一座由门楼、击壤亭、拜殿、大殿、厢房等组成的四合院。依山面水，环境优雅。邵雍（1011—1077 年），字尧夫，范阳人，幼随父迁共城（今辉县）。北宋哲学家。屡授官不赴，晚年迁居洛阳，死后葬于嵩县新店镇紫荆山。后被宋哲宗谥号康节，人称"康节先生"。曾在辉县苏门山长期讲学，著书立说，建有太极书院（亦名百泉书院）。著有《皇极经世》《伊川击壤集》等。

陆夫子祠

又叫"文安祠"。坐落在湖北省襄阳市区城西象山东麓的文明湖西岸。为纪念南宋著名的理学家，教育家陆九渊夫子所建。建于明代，是一座石木结构的四合大院，琉璃瓦顶，占地数百平方米。陆九渊（1139—1193 年）抚州金溪谷（今江西金溪县）人，孝宗乾道八年（1172 年）进士，宋绍熙二年（1192 年）任荆门知军，首建荆城廓，抵御压境南侵的金兵，卒于任内。他任职期间，采取过一些施政措施，改革官场陋习，改变旧的风气习俗，很受荆门百姓爱戴。

陆秀夫祠

在江苏盐城市内。陆秀夫（1236—1279 年），字君实，盐城人。宋景炎元年（1276年）任礼部侍郎。元兵攻处临安（杭州），他在福州拥护赵昰，继续抗元。宋祥兴元年（1278年），任赵昺的丞相，第二年他奉命到硯山（今广东新会南），在海上坚持抵抗，失败后投海而死。是南宋王朝坚决抗元的大臣。盐城人们为纪念他，特于明嘉靖年间建祠，清康熙和乾隆时曾修葺，现祠为清末重建。祠前有门厅、正中为享堂，两侧有廊屋，皆为砖木混合结构，大体尚保持旧观。

陆宣公墓祠

在四川忠县城长江南岸的翠屏山上。传唐德宗贞元二十年（804年）陆贽死于忠州，葬于翠屏山腰。宋知州王球于墓前建"陆宣公祠"。陆贽（754—805年），字敬舆，苏州赢兴（今浙江嘉兴）人，唐代政论家。大历进士，曾任翰林学士，中书舍人，中书侍郎，同平章事。后贬为忠州别驾。今存《翰苑集》。祠于元至正元年（1341年）由知州王崇简重修，明嘉靖、万历，清乾隆、道光年间增修。有宣公读书洞、怀忠堂、亭榭楼台及碑刻楹联等胜迹。1976 年被毁，1985 年重建。

陆游祠

在四川崇庆县城内东南罨画池公园内。南宋孝宗乾道八年（1172 年）陆游任蜀州（今崇庆县）通判，在此写下了大量的诗作，描绘了这里的景色，抒发其爱国热情。祠始建于明洪武初年，明末毁于兵火。清康熙六年（1667 年）重建，乾隆四十九年，（1784 年）扩建，光绪十五年（1889 年）完成。后又毁。现存祠为 1984 年修复。祠宏丽典雅，有古雅的大门，开朗的序馆，东西两厢和轩昂的主殿"放翁堂"。殿内有诗人高 2 米的古铜色塑像，他手持诗卷，蹙眉沉思，使人想起他"死去原知万事空，但悲不见九州同。王师北定中原日，家祭勿忘告乃翁。"的忧国忧民之情。

武庙

在江苏南京市政府东，国子监后。为明代十庙之一，因祀武夫子关羽得名。关羽（？—219年），三国时期蜀汉大将。清为江宁府学、武庙，通称府夫子庙。咸丰中毁于火。同治年间，府学迁至今朝天宫地，府学旧址又改名为孔庙。明初筑城时，在城墙里筑有涵闸，引玄武湖水进城，以控制和调节珍珠河水位。因在武庙之后，故称之为武庙闸。

武则天庙

位于山西文水县城北5公里的南徐村东侧。是唐代政治家，中国第一个女皇帝武则天的纪念建筑。武则天（624—705年），唐高宗后，武周皇帝。690年至705年在位。武士彟之女。名曌。并周文水（今属山西）人。14岁时被太宗召入后宫为"昭仪"，655 年（永徽六年）被立为皇后。660 年（显庆五年）因高宗多病而参与朝政，与高宗并称"二圣"。683 年（弘道元年）高宗病死，中宗（李显）即位，她以皇太后临朝称制。次年废中宗，立睿宗（李旦）。690 年（载初元年）废睿宗，自称圣神皇帝，改国号为周，史称武周。执政期间，除继续推行太宗以来的基本政策外，690 年亲自主持考试（殿试从此开始），702 年又首先创"武举"，发展了科举制；还破格选拔人才，命令九品官以上及百姓可以自荐，广泛吸收庶族地主参加政权；修《姓氏录》，规定五品官都可以升入士流；打击唐朝宗室、贵族及反对派官僚，削弱士族权力；她能纳谏，并善于选拔人才，委以重任，如狄仁杰、姚崇、娄师德、郭元振等，都为一时人选；又奖励农桑，曾颁行农书《兆人本业记》。但豪奢专断，颇多弊政。如扶植了一批新贵族，扩大了官僚群；任用酷吏，奖励告密，因冤狱牵连，错杀之人不少。705 年（神龙元年）中宗复位时，被尊为"则天大圣皇帝"，同年底病死。庙宇坐北向南，规模不大，山门上筑乐楼，供酬神演戏之用。庙内东西两厢对称，则天圣母殿位居上方。

始建于唐，金代重修。现存建筑以则天圣母殿为最古，结构规整，手法苍老，梁架，斗栱以及檐下门窗、门墩石雕等，全为金代原制。板门上部"金皇统五年"刻字尚存，是殿宇建成年代。殿内木制神龛供有帝后装女像，据县志，碑为记载，均以水母奉之，尊称则天圣母。按道教中的神祇名目，则天圣母原意是"管天"，与水母并非一神。唐代则天武后，是中国历史上第一个女皇帝，太原文水人（当地传说即文水县南徐村人），仪凤三年（678 年），自号圣母神，与此有关。

武侯祠（四川成都）

在四川成都市南门大桥外西侧。是纪念三国蜀汉丞相武乡侯诸葛亮的祠堂。诸葛亮（181—234 年），三国时杰出的政治家，军事家。字孔明，琅琊阳都（今山东沂南）人。少孤，隐居邓县隆中（今湖北襄阳西），躬耕陇亩，善智谋，通兵法，留心世事，自比管仲、乐毅，人称"卧龙"。建安十二年（207

年），刘备三顾乃见，他提出占据荆（今湖南、湖北）、益（今四川）两州，和好西南各族，东联孙权，北伐曹操的策略，即所谓"隆中对"。后为刘备主要谋士。后联孙攻曹，大败曹操于赤壁，取得荆、益，建立蜀汉。曹丕代汉，他支持刘备称帝，任丞相。建兴元年（223年），刘禅继位，被封为武乡侯，领益州牧，并决以政事。他曾率军5次北伐，两出祁山（今甘肃西河西北），以图统一全国。他任丞相时，励精图治，任人唯贤，赏罚必信，推行屯田。建兴十二年（234年），与魏司马懿在渭南相拒，病死于五丈原军中，葬定军山。当政期间，他对改善和西南各族的关系，发展当地经济、文化发展做出了贡献。传曾革新连弩，能同时发射10箭，又制造"木牛流马"，有利于山地运输。著作有《诸葛亮集》。被誉为"天下奇士"。祠占地3.7万平方米，最初由晋时在成都称王的李雄所建于316年。祠宇坐北向南，红墙环绕，翠柏掩映，殿堂宏伟，布局严谨。初与汉昭烈庙（刘备死后谥号昭烈）相邻。明初，蜀献王朱椿将武侯祠并入昭烈庙中。明末毁于兵火。清康熙十一年（1672年）重建，为五重四院。有大门、二门、刘备殿、过厅、诸葛亮殿。祠大门门额上有"汉昭烈庙"4个大字。门后为一长方形庭院，左右有两道长廊，廊内供奉形态生动的彩像泥塑。一侧是以庞统为首的文官；对面一侧是以赵云为首的武将。庭院后有正殿一座，殿内有刘备塑像，左右为张飞、关羽。祠内共有蜀汉君臣泥塑彩像 47 尊；碑碣 40 余块，其中以唐碑最为著名，世称"三绝碑"。大殿后为武侯祠，祠堂不大，古朴幽雅。祠前有很多匾额和对联，其中最著名的为清人赵藩写的"能攻心则反侧自消，自古知兵非好战；不审势即宽严皆误，后来治蜀要深思。"还有董必武同志所书的"三顾频烦天下计，一番晤对古今情。"诸葛亮殿正中是诸葛亮羽扇纶巾的贴金塑像，两旁为其子孙的塑像，墙壁上挂有岳飞手书的诸葛亮《出师表》木刻和唐代诗人杜甫的题诗刻石。像前陈列着两面铜鼓，上有精致的花纹图案，据传是诸葛亮平定南方时制作的，故称"诸葛鼓"。殿宇西侧为刘备墓，史称惠陵。祠中还展出有关诸葛亮的著作，选评以及有关诸葛亮活动的遗迹图片，充分反映了这位杰出的政治家、军事家的雄才伟绩。

林则徐祠堂

　　位于福州市沃门路，建于清光绪三十一年（1905 年）。为纪念清政治家、民族英雄林则徐所建。林则徐（1785—1850年），福建侯官（今福州）人，字少穆。嘉庆进士。曾任江苏按察使，江宁布政使等。任东河河道总督时曾修治黄河。后任江苏巡抚，因疏浚浏河、白茆及丹徒、丹阳等处水利有成效，任两署两江总督。道光十八年（1838 年），在湖广总督任内，实行黄爵滋的禁烟主张，并上疏痛陈鸦片之害"是使数十年后中原几无可以御敌之兵，且无可以充饷之银"。后受命为钦差大臣，赴广东查禁鸦片。次年正月到广州，为了解西方情况，派人翻译外文书报，编成《四洲志》，叙述各国历史、疆域、政治等。反对"罢各国通商"之说，主张区别对待外商，赞同正常贸易。在总督邓廷桢协同下，迫使外国商贩缴出鸦片237万多斤在虎门销毁。又积极筹备海防，倡办义勇，多次击退英军挑衅。12月任两广总督。鸦片战争爆发后，因他严密设防，英军未敢入侵广州。英舰北犯大沽，清廷大起恐慌，投降派诬其糜饷劳师，办理不善，被革职。次年派赴浙江镇海协防，不久充军新疆伊犁，受将军布彦泰之请，兴办水利，垦辟屯田。二十五年召还，次年任陕西巡抚。反又擢云贵总督，二十年因病辞职回籍。太平天国革命爆发前夕，被启用为钦差大臣前往镇压，中途病死于潮州（治今广东潮安）。能诗文。有《林文忠公政书》《佑及录》等。祠堂占地3000平方米。第一道为屏墙，左右设有两道门，分别额题"中兴宗衮"、"左海伟人"，内壁新嵌"虎门销烟"大幅浮雕，第二道为牌楼形墙，额题"林文忠公祠"，进门为庭院，正中有一条石板道直通义门厅，两旁峙立文武石人、石马、石兽。仪门为悬山顶三开间，中设6扇朱漆大门，檐柱上挂着中国军事学院副院长郭沫若撰书的楹联："焚毒冲云霄，正气壮山河之色；挥旗抗敌寇，义征夺魑魅之心。"词句豪迈，运笔飞舞，引人注目。厅前环建回廊，廊壁悬挂组画，系统介绍林则徐生平略事。仪门后为假山园林，正中有一条宽阔甬道直通御碑亭，成品字形。正中石碑为

"圣旨"，系咸丰帝得知林则徐病逝，降旨慰问其亲戚的。左右两碑，一为《御赐祭文》，一为《御制碑文》，是林则徐开丧吊祭时咸丰帝所赐。这3方石碑均在建祠时请徐郙、陈宝琛、郑孝胥3人书写补镌上石。祠厅在碑亭之北，外围红墙，门额上书"树德堂"3字。厅正中祀林则徐遗像；楣额上挂道光帝御书"福寿"匾额。祠厅西侧，碑亭之后，有两座三间排平屋，南北相对，中隔一堵花墙，原均作客厅之用，一称南花厅，一称北花厅。北花厅的庭院中有一口鱼池，池中央挺立一座巍巍的假山石，池养鱼，山喷泉，生意盎然；窗户古雅，雕刻精细，窗外翠竹奇石，错落掩映，饶有园林情趣。厅内玻璃橱柜内，陈列着林则徐书写的对联、信札、文稿、诗集、日记等，还有他使用的印章和砚台等遗物。此外，还有鸦片战争时期的珍贵文物。南北花厅之西，尚有一座宽敞的曲尺形楼房，原为林家子弟读书之所，现改为林则徐纪念馆的展览厅和放映室。楼外回廊曲径，花木扶疏，小桥流水，奇石交错，更有古丰井等遗迹供人凭吊。庄严与优雅相结合，构成一代伟人的祠堂特色。

范公祠

位于陕西延安清凉山上。为纪念北宋著名政治家、文学家范仲淹而建。1985 年 5 月落成。范仲淹（989—1052 年），字希文，苏州吴县（今江苏苏州）人，北宋文学家。大中祥符进士，出任西溪盐官，宝元初谪知饶州。康定初以龙图阁直学士经略陕西，积极防御西夏，注意联合羌族，称"图龙老子"。庆历中任参知政事，实行"庆历新政"，半年后出任陕西四路宣抚使。所作散文，多阐述政治主张，以"先天下之忧而忧，后天下之乐而乐"之句表述其忧国忧民的心情。诗词豪放，以反映边塞风光和征战劳苦见长。有《范文正公集》。范公祠内有身着铠甲红袍，手握佩剑的范仲淹和名将狄青、种世衡的塑像。祠壁上刻有范仲淹诗词手迹，还刻有毛泽东同志书写的范仲淹《苏幕遮》一词。

范成大祠

　　在江苏苏州西南 6 公里的石湖行春桥畔。是南宋诗人范成大的纪念建筑。范成大（1126—1193 年），字致能，号石湖居士，吴县（今属江苏）人，南宋诗人。绍兴进士，任著作佐郎、吏部郎官、中书舍人，知处州、静江府兼广西西道安抚使、四川制置使、参知政事、资政殿大学士等。曾出使金国，不辱使命。晚年退居石湖。其诗风格继承唐代诗人，有《石湖居士诗集》《石湖词》《桂海虞衡志》《吴船录》等。据史载，范成大归隐石湖，于越城故址随地势高下建造亭榭，遍栽名花，有千岩观、天镜阁、玉雪坡、盟鸥亭、农圃堂、锦绣坡、梦鱼轩、绮川亭、说虎轩等胜景。其《上梁文》称此"吴波万顷，偶维风雨之舟；越戍千年，因筑湖山之观"。一时名人皆赋诗作文，以为盛事。宋孝宗亲笔题"石湖"二大字，于是范成大自号"石湖居士"，人称范石湖。他在此写了不少歌咏江南水乡的田园诗，如今保存在范祠内的明代石刻《四时田园杂咏六十首》即其中的一部分。后石湖别墅湮没无存，明正德时在其附近另建范成大祠。祠堂背山面湖，风光绝胜。现存屋宇数椽，为清同治年间重建。

欧阳修祠

在江苏扬州瘦西湖畔蜀岗中峰上，大明寺西侧的谷林堂后。为纪念北宋文学家、史学家欧阳修而建于清光绪五年（1879 年）。欧阳修（1007—1072 年），字永叔，号醉翁，晚年号六一居士，庐陵（今江西永丰）人。天圣进士，历任馆阁校勘、夷陵令、知谏院、龙图阁学士、开封知府、礼部侍郎兼翰林侍读学士、枢密副使、参知政事等职，后又出知亳州、青州。熙宁四年（1071 年）退职，次年卒。主张文章应"明道"、"致用"，成为诗文革新运动领袖。其诗文雄健清新，其词和婉深挚。史学成就卓著，与宋祁合修《新唐书》，自撰

《新五代史》。有《欧阳文忠公集》。他任扬州太守时，常在平山堂宴客、赏景、作诗，留下不少描写平山堂这一带景色的诗文。后人在谷林堂后建祠堂，以资崇仰。祠面宽5间，带回廊的单檐歇山式，周饰花墙，祠前筑有假山花石；祠内嵌欧阳修像，刻技细致生动，利用反光作用，远看白须，近看黑须，赢得无数游人流连；祠东与鉴真纪念堂通连，西边与芳圃仅隔一墙。

坡公祠

位于四川丰都县城后1公里的鹿鸣寺附近。明洪武元年（1368年）创建，祀苏东坡。苏轼（1036—1101年），字子瞻，号东坡居士，眉州（今四川眉山）人，北宋文学家，书画家。学识渊博，与欧阳修一起参加诗文革新运动，为"唐宋八大家"之一。其诗清新豪放，其词豪气四溢，长于行、楷，善绘竹木怪石，存有《竹石图》等；诗文有《东坡七集》等。正德年间监察御史卢巡按丰都时，曾游鹿鸣寺，拜谒坡公祠，并赋诗云："仙质玉无尘，人间亦久驯；一声江月白，应是报嘉宾。"明末毁于兵火。清同治七年（1868 年）重建，光绪二十六年（1900 年）再行修葺。现存建筑为 1982 年重建。

忠烈祠

位于湖南中部衡山香炉峰下的一个山坡上。是 1942 年为纪念抗日阵亡将士而建的一座具有南京中山陵风格的开阔式纪念陵园。祠全部用花岗岩砌成，牌坊式的大门由 3 个半月形的拱门组成。祠内通路两旁植满多种名贵树木花草，把"七七"纪念碑簇拥在中央。石墙碧瓦的纪念堂古朴大方。纪念堂上方为立有 4 柱的致敬碑。顶端是宫殿式的享堂，翠绿色的琉璃瓦，坚固的花岗岩石墙，整个建筑显得雄伟庄严。享堂正门上，悬挂着蒋中正书写的"忠烈祠"匾额。享堂内墙上嵌有汉白玉碑 20 块，碑上刻有当代书法家书写的诗词等。

周王庙

　　位于江苏宜兴县东庙巷。始建于西晋元康九年（299 年），为纪念西晋平西将军周处而立。周处（？—297 年），西晋将领。字子隐，义兴阳羡（今江苏宜兴南）人。吴时为东观左丞。晋平吴后，任新平太守，迁御史中丞。后任建威将军，镇压齐万年起义，力战被杀。周王庙建筑宏伟，旧有山门殿宇、戏楼、前轩、东西两廊等房共 58 间。现庙内仍存有门厅、享堂、廊星等建筑，均系清末所建。享堂龛内原有周处泥金塑像，上悬"阳羡第一人物"朱底金字匾额。享堂四壁，石碑林立，内有周处石刻像和历代碑刻数十方，其中以东晋文学家陆机撰文，右将军书圣王羲之所书《重刻（周孝侯碑）》最为珍贵。周王庙后侧是包括周处金甲墓在内的"周墓墩"，周围环以墙垣，竹木交映，占地 5.7 公顷，有三国和西晋时期周氏家族的古墓葬群。

岳庙（浙江杭州）

　　位于浙江省杭州市西子湖畔。为纪念我国历史上著名的民族英雄岳飞而始建于南宋嘉宝十四年（1221 年），以后屡有建毁，现在的规模是 1923 年建的。近年又重整修了一次，庙的头门，是八字墙重檐高台建筑，上悬"岳王庙"3 字竖匾，进入门楼，一溜青石甬道直达大殿前明台，两旁古木参天，一派肃静。大殿正中，新制"心昭天日"巨额是叶剑英同志手笔，殿内身着紫色蟒袍，按剑而望、高 4.54 米的岳飞像也是新创塑的。座像上挂"还我河山"4 字巨匾，殿两壁有明代洪珠写的"尽忠报国"4 个大字，天花板上画着 370 只姿态各异的"百鹤图"，表达了岳飞壮怀激烈的事业心和坚贞不屈的浩然正气。庙左侧设亭院，有南北两道碑廊，陈列着 125 块碑石，均为岳飞的诗词奏札等手迹和历代名人凭吊诗章，是珍贵的文物史料。从庭园过精忠桥，进入南宋古风的墓阙，就是岳飞的墓园，墓道两旁石俑、石兽、古柏交柯，中间便是岳飞墓，墓碑上刻"宋岳鄂王墓"。左边是岳飞长子岳云墓，墓碑刻名"宋继忠侯岳云墓"。在墓阙后面两侧，面对岳飞墓，跪着反剪双手的秦桧、王氏、万俟、张俊3男1女4个铁像，这就是诬陷、残害岳飞的奸贼。跪像边的墓阙柱上刻着"青山有幸埋忠骨，白铁无辜铸佞臣"一联，在修整墓道时，人们在一副望柱上，新刻一副对联："正邪自古同冰炭，毁誉于今判伪真"。岳飞（1103—1142年），南宋著名抗金将领。字鹏举。汤阴（河南汤阴）人。佃农出身。宣和四年（1122年），应募从军，后因功授秉义郎（下级军官）。高宗在南京即位后随宗泽守开封，升至统制。后金兵南下渡江，他移兵广德、宜兴，坚持抵抗。建炎四年（1130年），收复建康（今南京）。后调往江西、湖南。绍兴四年（1134年），大破伪齐军，收复襄阳、信阳等6郡，以功授清远军节度使。不久，被派往洞庭湖沿岸镇压杨么农民起义军，升任少保。次年驻军鄂州，结纳太行山义军，进兵中原，击败伪齐军。绍兴九年（1139年），宋高宗、秦桧与金议和时，上表极力反对。次年金兀术进兵河南，破坏和约，他出兵反击，大败金兵于郾城，收复洛阳、郑州等地，进军至朱仙镇（开封南），因宋高宗、秦桧一心求和，下令班师，被解除兵权。绍兴三十一年除夕（1142年1月28日），被秦桧以"莫须有"的罪名杀害。

岳飞庙（河南开封）

在河南开封市城南的朱仙镇。在明代共有4座岳飞庙。朱仙镇岳庙始建于明成化十四年（1478年），正德四年（1509年）扩建。以纪念宋代民族英雄岳飞。庙内原碑碣甚多，简霄有《过朱仙镇谒武穆祠》云："金牌十二乱如麻，挥泪旋师岂为家。铁骑纵横胡世界，锦帆飘泊宋天涯。乾坤遗恨容秦贼，父老欢呼尚岳爷。公道人心真不死，古今成败重咨嗟。"词意真切，书法亦佳。原来规模十分宏大，后因兵火，水患，现仅存山门3间，正殿一座5间。庙中神像等均于1927年被毁。岳飞亲笔书写的《送紫岩张先生北伐》诗和《满江红》词，分别镌刻在院内两座石碑上。庙门外还有岳飞的点将台、铁旗杆等遗物。

岳飞庙（河南汤阴）

在河南汤阴县城西南隅。岳飞（1103—1142年），字鹏举，相州汤阴人，南宋抗金名将。庙建于明初，历经修葺增建，面积达4300平方米。庙坐北向南，院落结构严谨，殿廊亭台，刻绘铸塑丰富多彩。山门前有施全祠，内奉施全铜像，祠前有秦桧、王氏等五奸臣的铁铸跪像。精忠坊及东大门分立山门左右两侧，坊为木构多层斗栱组成，庄重大方，山门东侧有清乾隆御书碑。拾级进庙，古柏竞翠，碑碣林立。东有小巧玲珑的觐光亭和肃瞻亭。御碑亭后为大殿，寝殿。正殿面阔5间，深3间，庄严宽敞，内有岳飞塑像；顶为硬山式，脊上装饰别致。寝殿也为5间，陈列岳飞手迹。周围有岳云殿、四子殿、孝娥殿、岳珂殿、三代祠等。建筑形式有卷棚、攒尖和硬山等。庙内保存有刻石 193 块，内容有岳飞的《满江红》《宝刀歌》和汉《出师表》手书刻石，以及明以后历次修庙碑记和颂扬岳飞的题记诗赋等，笔力挺拔，奔腾豪放。现为岳飞纪念馆。

牧马王庙

又名"孚济庙"。在福建金门岛太武山南部丰年山左麓。据文献记载，唐贞元中时，有位叫陈渊的下级官员，带领十二姓氏到此牧马。陈渊和李俊、卫杰等协谋并力，联合当地居民，共同开荒垦殖，使金门逐渐发展起来。陈渊死后，岛上人民为了怀念他，称他为"马祖"、"牧马侯"，并为他建庙祀奉。陈渊墓在庙前。今牧马王庙，四时香火仍然鼎盛。

庞公祠

位于湖北省襄阳东门外，是纪念三国时魏国守将庞德的。

当时关羽水淹七军，另一魏将于禁投降了关羽，而庞德坚决不降。后人为纪念庞德的坚强不屈，建造了这所庞公祠。庞德（？—219年），三国时魏将。字令明，南安（今甘肃陇西南）人。少为郡吏，州从事。初平中，从马腾击氐、羌有功，迁校尉。复从马腾力拒魏师，为军锋，数有功，拜中郎将，封都亭侯。曹操定汉中，德随众降，操素闻其骁勇，拜立义将军，封关门亭侯。后屯军樊城，拒关羽，常乘白马，羽军称之为白马将军，皆有所惮。会汉水暴涨，兵败不屈而死。

郑成功庙

又名"延平郡王祠"或"开山王庙"。民族英雄郑成功（1624—1662年），的祠庙。在台湾台南市东。台南地区是郑氏经营的中心。台湾人民在清初即建开山圣王庙，或称"开台圣王庙"。清乾隆时扩建，道光二十五年（1845年）重修。同治十三年（1874年），福建船政大臣沈葆桢巡视台湾，建议清政府将本庙列为国家祭典。光绪元年（1875年），清廷赠郑成功延平郡王称号，庙再扩建，改称延平郡王祠。每年农历正月十六日举行祭礼。台湾全省纪念郑成功的祠庙不下五六十座，以本庙历史最早，祭礼最隆。庙内大殿有郑成功塑像。殿后庭中有古梅一株，传是郑氏手植。

郑莫祠

在贵州遵义市老城红花岗麓的荷花池畔，今市第十一中学校址内。为纪念遵义著名学者、诗人郑珍、莫友芝，于1931年动工修建。郑珍（1806—1864年），字子尹，晚号柴翁，贵州遵义人，清代学者。道光举人，崇尚考据，研究"三礼"有创见，尤长于《说文》之学。著有《说文逸字》《说文新附考》《遵义府志》《古今文献》《巢经巢集》《仪礼私笺》《成轮舆和筹》《枭氏图说》等。莫友芝（1811—1871年），字子偲，自号鄙亭，贵州独山人，清代诗人。对六经名物制度，颇有研究。工诗，善书法，为晚清"宋诗派"作家。曾撰《遵义府志》，又编《黔诗纪略》。著有《声韵考略》《邵亭诗抄》等。祠系砖木结构，大门口额书"学冠西南"4字。祠内有"阐汉宋两朝学术；为西南百代儒宗。"联。旧时每年三月十日（郑珍诞辰）为祭祀日。集中遵义中小学校师生及官绅在祠前开纪念会，唱纪念歌。歌词称颂郑、莫二人为海内"学中泰斗"、"学问人品，允宜馨香俎豆"。

炎帝陵庙

位于湖南省酃县西南15公里的塘田乡鹿原陂。炎帝是传说中的中华民族的祖先，是上古时中国南方部落联盟的首领。炎帝又名神农氏，是传说中农业生产的始祖，农业生产工具的发明者和倡导者。炎帝陵宋以前只见于史籍记载，到宋乾德五年（967年），宋太祖诏令在此修建炎帝陵，建庙分前后2殿。明万历四十八年重修，清雍正十一年（1722年），最后一次重修，后历遭兵燹。现庙宇分前后大殿，前殿供奉炎帝，后殿供奉赤松子（炎帝药师）。殿内雕梁画栋，色彩缤纷，蔚为壮观。近年修葺一新。

冼太庙

位于广东高州县城之东。明嘉靖十四年（1535年）建，嘉靖末期重修。全庙共分3进，总进深49.5米，面阔13米。在正殿明间原有冼夫人雕像。在中殿次间的墙上，镶满了有关记载冼夫人的石碑。庙后为冯公庙，即冼夫人的丈夫冯宝之庙。在冼庙玉殿次间，各有一拱门与冯公庙相通。冯公庙为单进建筑，进深17米，面阔13.5米，与冼太庙构成统一的整体，统称为"冼太庙"。冼夫人是6世纪时岭南地区的百越女首领。她一生致力于祖国的统一，民族的团结，被隋文帝册封为樵国夫人。高州县是冼夫人的故里，冼庙达200多座。

屈子祠（湖南汨罗）

在湖南汨罗县玉笥山上。为纪念爱国诗人屈原而建。始建于汉代，清乾隆二十一年（1756年）移建于此。现存建筑有正屋三进，中、后两进之间有过亭，前、后、左、右两侧有天井。单层单檐，砖木结构。屈原（约前340—约前278年），名平，字原；又自云名正则，字灵均，战国楚人，是我国历史上最早的一位大诗人。做过左徒和三闾大夫。后遭谗去职，被放逐沅、湘。在长期的流浪生活中，写了《离骚》等著名诗篇，抒发自己的悲愤。秦兵攻破楚国郢都后，他既无力挽救楚国的危亡，又深感自己的政治理想无法实现，遂投汨罗江自尽。距玉笥山东北5公里的烈女岭上，至今还保存着屈原的墓葬。屈子祠附近有骚坛、濯缨桥、桃花洞、独醒亭、望爷墩、绣花墩、寿星台、剪刀池等古迹，反映了历代人民对屈原的怀念。

屈原祠（湖北秭归）

一名"清烈公祠"。在湖北秭归具城东1.5公里，长江北岸向家坪。屈原（约前340—约前278年），名平，字原，战国楚人。是我国最早的大诗人。曾辅佐怀王，任左徒、三闾大夫，后遭谗去职。因楚国政治腐败，秦兵入侵，攻破郢都，他既无力挽救楚国的危亡，又深感政治理想无法实现，自投汨罗江而死。传说屈原死后，有神鱼将其尸体驮回他的故里秭归，在城东五里安葬，是地遂名"屈沱"。祠系唐元和十五年（820年）建。宋，元，明，清，屡圮屡修，后改额"清烈公祠"。1978年迁至今地复建，计有山门、大殿、左右配房等建筑。山门为牌楼式，高14米，四柱三楼，正中门额题"清烈公祠"4字，两侧榜题，"孤忠"、"流芳"字样，面墙泥塑，彩画人物故事，一如旧制。大殿系钢筋混凝土结构，按明代木构建筑手法设计，崇台高耸，翠瓦飞檐，宏丽壮观。殿后有屈大夫墓，系后世营建之衣冠冢，墓前之石坊、门阙、均系清道光年间原物。墓门为前后室结构，后室陈列着屈原的大红楚棺。展览室内展出屈原生平事迹和遗迹。祠背依崇岭，前临大江，远眺江南五老、芙蓉诸峰，如笔架连屿峙，似碧莲待放，天然景物绝佳。每逢端午佳节，五彩龙舟，竞渡江心，锣鼓喧天，歌声如潮，游人如织，别有一番盛况。现辟为"屈原纪念馆"。

屈原庙

在湖北秭归县城北 30 公里的屈坪屈原故里香炉坪。原为祀屈原之姐的女嬃庙，后因并祀屈原始改今名。相传为屈原旧宅所在。屈原（约 340—前 278 年），名平，字原，又称"灵均"，楚国（今湖北）人，战国时楚国大臣、文学家、世界文化名人。庙建于唐元和年间，历代都有废兴，清代重修，1980年翻修，为民居建筑形式，阔 3 间，硬山顶，猫拱式山脊，青瓦粉墙，素朴古雅，内立新塑屈原像。香炉坪为一秀美的台地，平面呈新月形。两侧突起而中部低洼，远看宛如香炉，因名。其下临响鼓溪，清流含碧；后倚王寨山，佳木葱茏；坪上丘垅迭绿，修竹耸翠，其东有三峰突立，环拱月形台地，号称"三星捧月"，景色秀丽。

孟庙

又称"亚圣庙"。在山东邹县城南关。为历代祭祀孟子之所。孟子（约前372—前289年），名轲，字子舆，战国时期著名思想家。北宋景祐四年（1037年），孔子四十五代孙孔道辅知兖州时，始于四基山访得孟子坟墓，建庙墓旁。因距城较远，瞻拜祭祀诸多不便，乃于宣和三年（1121年）迁建于今址。北宋元丰年间追封孟子为邹国公，元代加封邹国亚圣公，其后不断对孟庙增修拓广，至明代已具现在规模。庙呈长方形，院落五进，殿宇64间，占地60余亩。亚圣殿位于南北中轴线上，为庙内主体建筑。据记载，历代重修，达38次之多。

现存建筑为清康熙年间地震倾圮后重建。殿 7 间，高 17 米，横宽 27.7 米，进深 20.48 米，双层飞檐，歇山式，绿琉璃瓦复顶。檐下八角石柱 26 根，通体浅雕龙凤花卉。中轴线两侧，对称排列着寝殿、启圣殿、孟母殿、致严堂、桃主祠、东西庑、祭器库、省牲所、康熙及乾隆御碑亭等。庙内共有碑碣石刻 350 余块，著名的有元代重制秦李斯小篆峄山刻石、唐欧阳询《苏玉华墓志铭》，还有清代所立"孟母断机处"碑。庙内古树苍郁，翳天蔽日，桧树居多，间以古槐、银杏、藤萝。明代董其昌《题孟庙古桧》诗云："爱此孟祠树，森然见典型，沃根洙水润，含气峄山灵；阅世磨秦籀，参天结鲁青。"知言门外，一巨槐生古柏之中，纠缠连理抱成一体，人称"柏抱槐"，虽历经几百寒暑，仍葱茏茂密，堪称奇观。

孟姜女庙

位于河北省山海关望夫石村凤凰山上。原名"贞女祠"，它是根据"孟姜女哭长城"民间故事修建的。原庙建于何年，尚无确证。据《临榆县志》记载，此祠创始于宋以前，至明万历年间，主事张栋重修。崇祯间副使范志完重修，又增龛。民国十七年（1928年）又经奉天张将军颁款重修。解放后曾多次修葺，成今现状。"孟姜女庙"整个建筑古色古香，均按明代的祠庙建筑风格，结构修复。前殿为主殿，砖木结构，系悬山顶三楹四窗，雕梁画栋，金碧辉煌。主殿龛内的姜女塑像身穿黄衫素服，面带愁容，遥望南海，望夫神态自若，栩栩如生。旁塑男女二童，左的执伞，右的背包，凝眸肃立，若有所思。龛上横额写着"万古流芳"4个大字，两旁楹联写着："秦皇安在哉，万里长城筑怨；姜女未亡也，千秋片石铭贞"。相传为宋末民族英雄文天祥所作。殿内两壁尽是卧碑。东壁石刻是"天下第一关"5个大字，与城关匾额规格一致；西壁石刻是清代康熙、乾隆等帝王以及民国以来军阀政客的题诗。其中康熙"姜女祠"诗为："朝朝海上望夫还，留得荒祠半仞山。多少征人埋白骨，独将大节说红颜。"后殿殿后有巨石数块，一块刻有"望夫石"3字；另一块刻有乾隆皇帝的《望夫石》

诗。两石之间有许多小坑，传为姜女寻夫范喜良到此，登石望夫，上上下下踩出的脚印。石后有一六角亭，名"振衣亭"，传为姜女更衣之处，清康熙时修建。庙前新塑建孟姜女汉白玉雕像。庙东南4公里的渤海里，有两块礁石突出海面，传为姜女跳海殉夫之处。古人赞叹她的刚烈而又坚贞的节操，便把这礁石称作"姜女坟"。

经神祠

在山东青岛市崂山风景区南部海滨的太清宫三清殿东翰林院内。为纪念东汉著名经学家郑玄而建。郑玄（127—200年），字康成，北海高密（今山东高密西南）人，东汉著名经学家。少入太学，攻今文《易》和《公羊传》，从张恭祖学《古文尚书》《周礼》《左传》等。后隐修经业，潜心著述，为汉代经学之集大成者，也称"郑学"。平生著述达100余万字，所注群经以《毛诗笺》《三礼注》影响最大。另注《周易》

《论语》《尚书》等。专著有《涛谱》《六艺论》《驳五经异义》等,已佚。祠为清末日照县翰林尹琅若所建,平屋3间,内祀东汉经学家郑玄(康成)。另有明版道经和历代碑刻。

南丰祠

在山东济南市城北的大明湖内。北宋熙宁五年(公元1072年),曾巩为济南太守,政绩卓著,士民感念,故建祠纪念。曾巩(1019—1079年),字子固,建昌南丰(今江西南丰)人,北宋文学家。嘉佑进士。历任越州、齐州、福州等地地方官,颇有政绩。后调史馆修撰,拜中书舍人。普散文,为"唐宋八大家"之一。有《元丰类稿》。因曾巩为江西南丰人,世称南丰先生,故祠亦名"南丰祠"。

南平文庙

位于湖北公安县南平镇中心。系中国工农红军红二军团诞生地。文庙修建于清同治十三年（1874 年），原有大成门、大成殿、启圣殿等建筑。现仅存大成殿，精巧古雅。1930 年 7 月 4 日，中国无产阶级革命家、军事家贺龙领导的新四军和周逸群领导的红六军在文庙会师，在这里召开了隆重的会师庆祝大会。并在大成殿举行了两军前委联席会议，组成了中国工农红军第二军团。1981 年在这里修建有纪念碑。乳白色的大理石碑与金碧辉煌的文庙交相辉映，景色极为壮美。

南轩祠

在四川绵竹县城南 1.5 公里处。是宋代理学家张栻及其父张浚居住过的地方。南宋孝宗淳熙年间在此建"进德堂"祀张浚，其后又在堂侧建"敬夫堂"专祀张栻。后人将两堂合并，扩建"宣公祠"，又称"南轩祠"，并于祠前南北路口建牌坊两座。张栻（1133—1180 年），字敬夫，又字乐斋，号南轩，世称南轩先生，汉州绵竹（今四川绵竹）人，宋代理学家。历任吏部侍郎兼侍讲、知江陵府兼湖北路安抚使，右文殿修撰提举武夷山冲佑观。卒后谥宣。与理学家朱熹齐名并友好，同为南宋道学大师。有《论语解》《孟子说》《诸葛武侯传》《南轩集》。清乾隆时县令安洪德立"宋大儒宣公南轩夫子故里碑"记其始末。民国末年祠渐残破。1984年，新挂"宣公故里"匾额一块。

南阳公主祠

位于河北省苍岩山上。是福庆寺主要建筑之一。坐西朝东，面对翠壁百丈。祠宽3间，进深一间，单檐九脊顶，上盖黄绿琉璃瓦，檐下飞头全挂风铎，其声悠扬。祠内有三佛龛，内有公主塑像，两侧塑站立乐使，山墙上布满壁画，工笔彩绘，为公主修身得道，济世救人的故事。祠南有一砖塔，高约10米，平面呈八角形，塔座较高，塔身出五层檐，每层檐出木角梁，为明代晚期之作。

南岳忠烈祠

在湖南省衡阳。南岳忠烈祠是我国纪念抗日阵亡烈士的最大一所烈士陵园。它由5部分组成，由276级花岗石石阶和麻石大道联成一体，占地1.44万平方米。"七七"事变纪念塔位于陵园中心，由5根矗立的炮弹形石柱组成，它象征着中华民族反击日本帝国主义侵略者的坚强决心。忠烈祠四周的山头上，有13座烈士陵墓，其中较大的一座里面安葬着湘北抗日阵亡将士的忠骨2128具。

南海神庙

又称波罗庙。在广州东郊黄埔庙头。隋开皇年间为奉祀南海海神而建。屡经重修，现存多为清代建筑，其中有头门、仪门、左右长廊、礼亭、大殿等，庙前有清康熙所书"海不扬波"高大石牌坊 1 座。这里又是唐、宋时中外商船来往贸易的一处重要史迹。由这里出海的中国船家必进庙祭拜,以祈航海平安。相传一位来自波罗国的外国商人达奚,曾带来菠萝蜜种子种在庙内,由于所乘商船启航远去,达奚旦夕翘首东望,化为神灵,人们为怀念他,奉祀在庙里,并把庙称波罗庙。南海神庙是我国古代四大海神庙中独存的一座。现存多为清代建筑,但仍保留唐代规模。庙内祭碑林立,历代帝王多派员到此立碑致祭,现有数百方碑刻,有南方碑林之称。其中唐韩愈等所撰《南海神庙碑》等 30 余方弥足珍贵。庙里还珍存隋代铜鼓 1 个,鼓面直径 1.38 米,高 0.77 米,是全国现存三大铜鼓之一。

荆州关羽祠

在湖北省荆州古城原关帝庙旧址。是三国时期蜀汉名将关羽的纪念建筑。关羽(？—219 年),三国蜀汉大将。字云长,本字长生，河东解县（今山西临猗西南）人。东汉末亡命涿郡（治今河北涿县），后从刘备起兵。刘备为平原相，他和张飞为别部司马，分统部曲，三人情同手足。建安五年（200年），曹操破刘备，取下邳（今江苏睢宁西北），他被俘，极受优礼，为偏将军，因阵斩袁绍大将颜良，解白马（今河南滑县旧滑县城东）之围，封汉寿亭侯。后仍归刘备。赤壁之战后，任襄阳太守、荡寇将军，驻江北。建安十六年，刘备入益州，他镇守荆州。二十四年，率部围攻曹操部将曹仁于樊城（今湖北襄樊），利用汉水泛溢，大败于禁七军，击降于禁，杀庞德。因后备空虚，孙权乘机袭取荆州，他兵败被杀，谥壮缪侯。关祠包括：山门、牌坊、主殿、围墙、三义殿、长廊、文物陈列室、接待室等。整个建筑按照明代风格建设，占地面积6000平方米。这里不仅有关羽、刘备、张飞等人物塑像，还有反映关公桃园三结义、单刀赴会等主要事迹的一组大型雕塑。

药王庙（河北安国）

位于河北省安国县城南关。药王庙是我国仅有的一座纪念药王邳彤及历代名医的庙宇。北宋建中靖国元年（1101年）始建。明嘉靖年间重修。面积3200平方米，坐东向西，前有牌楼、山门，门前有石狮1对，并竖立高27米铁旗杆两根。门内有马殿、钟鼓楼、药王墓亭、大殿及后殿等，庙宇雕梁画栋。据安国县志载，药王姓邳名彤，东汉开国功臣。安国县（一说信都）人。为汉光武帝刘秀属下云台二十八将之一，曾任曲阳郡太守。此人能文善武，精通医理，遐迩闻名。正如庙内楹联赞曰："钟黄世岐济世之道，术衍灵枢，惠遗商旅，仁风广披十三州。"邳彤死后葬于安国南关。传说宋秦王赵德芳病重时，邳彤显灵治丧愈。宋徽宗追封为灵贶侯，并建庙祭祀。清乾隆二十年（1755年）重修庙宇。1985年安国县政府对药王庙进行了一次全面修缮。正殿为药王塑像，宽袍正坐，面容慈祥。庙中央墓碑亭内是邳彤墓，墓碑上刻有"敕封明灵昭惠显佑王之墓"，墓两侧有南北配殿，内塑有我国历史上10大名医：秦扁鹊，汉张仲景，唐孙思邈，南朝徐文伯，晋皇甫谧，汉华陀，唐孙林，金张子和，明张介宾，金刘和间等名医塑像以陪祀，形象逼真，各具特色，均系天津泥人张之作。

药王庙（陕西耀县）

在陕西耀县城东 3 华里的药王山。为纪念唐代杰出的大医学家孙思邈，于唐代后期在山上立祠修庙，现存庙宇为明世宗嘉靖三十七年（1558 年）重修，但留有金、元建筑。山上还有北魏至明清的石刻及隋唐两代的摩崖造像等珍贵历史文物，对于研究孙思邈，研究中国医药学的发展，研究石刻书法艺术以及古代建筑均有重要价值。孙思邈（581—682 年）从事医药研究达 80 多年，曾写过驰名中外的《千金药方》和《千金翼方》等医学巨著 30 卷，数百万言，俗称"药王"。其彩绘坐像，塑于大殿中。大殿两侧有《千金室要》《海上方》五通石碑及《千金要方》《千金翼方》等名著，对面塑有我国名医扁鹊、华陀、张仲景、王叔和等彩绘塑像。

春申君庙

在江苏苏州王洗马巷。春申君名黄歇，战国楚人，楚考烈王元年（前262年）为国相，封春申君。考烈王赐春申君领管江东吴国旧地，常住姑苏。黄歇精通水利，测得太湖地势高于苏州。每逢多雨季节，湖水高涨，常灌注入城。为使苏州免遭洪水威胁，便增辟葑门水陆城门，封闭胥门水门，使胥江之水绕道入城，以分减水势；同时又在城里开凿许多纵横交错的小河道，使河水流贯全城，既便于排泄洪水，又利于水上交通，对苏州的发展作出了很大的贡献。苏州人民为纪念黄歇，曾多次修庙供奉。现存春申君庙始建于明初，重建于清代同治年间，有大殿、戏台等建筑。

项王祠

即"霸王祠"。又名"西楚霸王祠。"位于安徽和县乌江镇东南 1 公里凤凰山上。为纪念集末农民起义领袖项羽而建。

项羽庙

又称"霸王祠"。位于安徽和县乌江镇东南 1 公里凤凰山上，是秦末农民起义军领袖项羽的纪念建筑物。

禹庙

在浙江绍兴东南会稽山麓禹陵前右侧。据《越绝书》载，夏少康始建禹庙。今庙建于南朝梁初。宋政和年间，改庙为道士观。几经兴废。现存大殿建筑系 1934 年重建，其他部分皆为清雍正十三年（1735 年）重修。中轴线上有午门、祭厅、正殿三进依山而建，系宫殿式古建筑群。正殿高 24 米，重檐歇山顶，画栋雕梁，金碧辉煌。殿额书"地平天成"，楹联书"江淮河汉思明德，精一危微见道心。"原为康熙二十八年

（1689 年）御笔。殿内立大禹塑像。午门前有岣嵝碑亭。碑系明代翻刻湖南衡山岣嵝碑文。铭文凡 70 余字，非篆非蝌蚪文，甚难考释。传为夏禹治水时所书。碑文下附有译文。庙东侧有窆石亭，中有呈圆锥形的窆石一块，石高 2 米，顶端有一圆洞，传为夏禹下葬的工具。石上刻有汉以来的铭文多种。庙周碧嶂绿林，殿宇飞檐入云，红墙环绕，气势雄伟。禹、传说中父系氏族社会后期部落联盟领袖。姒姓，亦称大禹、夏禹、戎禹。一说名文命。夏后氏部落领袖。鲧之子。鲧因治水无功被杀，他奉舜命继续治水，劳身焦思，13 年中，三过家门而不入。终于用疏导的方法治平水患。后因功由四岳（四方部落首领）推荐，被舜选为继承人。他"尽力乎沟渠"，发展农业生产。舜死后继位。居阳城（今河南登封东南），后都阳翟（今河南禹县）。曾铸造九鼎，用铜作兵器。后在东巡时死于会稽。后人建庙以纪念他。

禹王庙

位于河南省浚县大伾山绝顶区。据史书记载，父系氏族社会晚期部落联盟领袖夏禹曾在大伾山附近导河治水。后人感其功德，建庙以祀。庙建于清初，大殿 3 间，宽敞宏大。庙宇附近碑碣很多，明代王守仁的"登大伾山诗"和"游大伾山赋"石刻均在这里，是研究王守仁思想的重要资料。

秋女烈士祠

在湖南长沙市黄泥街含英里。近代女诗人、教育家、民主革命家秋瑾 1890 年随父居湖南，后依父母之命嫁湘潭王廷钧。1904 年东渡日本留学，1907 年 7 月 13 日在绍兴被捕。时前统领陈湜之子陈国栋系浙江候补遭，力促浙江巡抚处斩秋瑾。辛亥革命后，湖南同盟会将陈湜在长沙的宅第陈家花园改为"秋女烈士祠"。1938 年毁于长沙大火，仅存遗址。

扁鹊庙

位于河北省内邱县神头村。是战国时期名医扁鹊的纪念建筑。扁鹊，战国名医。姓秦，名越人，渤海郡郑（今河北任丘）人。他医术比较全面，可看内、外、妇、儿等科；能用多种方法治病，如砭法、针法、汤法、按摩、贴等。他的踪迹遍天下，相传有起死回生之功（即所谓"能生死人"）。后就医秦国，为秦武王治病，被太医令李醯嫉妒所杀。在《史记》和《战国策》里，载有他的传记和病案。后世医家又尊之为切脉诊病的创始人。扁鹊庙创立于汉，扩建于唐，宋代加封扁鹊为神应王，再次增修主殿和厢房。现存的三座大殿和两廊，为元代建筑，宏伟壮观。庙内古树参天，并有宋、元、明、清各代碑刻30余通。其中元初太保刘秉忠所书《神应扁鹊王庙记》碑，文精字美，堪称佳品。庙后有扁鹊墓，还有传为扁鹊与虢国太子采药、治病的太子岩和洗肠汤。

亭林祠

位于江苏昆山县千墩镇蒋泾顾炎武墓地。是清初思想家顾炎武的纪念建筑。

神农祠

在陕西宝鸡市渭南河南岸之峪家村，北距宝鸡市 5 公里。相传炎帝神农生于峪，产后其母姜氏抱至九龙泉内沐浴，在瓦峪抚养长大，后人遂于此地修祠纪念。神农氏，中国古代传说中农业和医药的发明者。相传远古时代人类以采集渔猎为生，他教民用木制耒、耜，播种五谷。反映了中国原始时代由采集渔猎进步到农业生产的情况。又说他尝百草，发现药材，并赴日中为市。一说神农氏即炎帝。祠内有正殿、东西庑殿、钟亭及魁星亭等建筑。祠外有一清泉，名九龙泉。此地南依秦岭，西临渭水，风景优美。

闽王祠

在福建福州市内庆城寺（路）。本为闽王王审知故居。原来规模很大，今化民营、八角楼等地均属之。唐天祐三年（906年），敕立德政碑于府门前。后晋开运三年（946年）改为庙，称闽王庙。北宋开宝七年（974年）重修，立重修碑于庙前，与德政碑东西对峙，相距二十余丈。元代庙毁，仅存一厅，改称闽王境，明万历二十九年（1601年）奉旨重建，称"忠懿闽王祠"，于中轴建仪门厅、寝殿，西为讲学堂，供宗族子弟攻读之用。清康熙元年（1662年）重修，向南扩展，建祠门及跨街辕门，将唐、宋两碑围入垣内。道光七年（1827年）宋碑崩，祠亦破损，割祠东旷地入官，改建义仓（今为市第十九中学操场），得款整修祠宇。移宋残碑嵌于祠后墙上。1919年又重修，拆寝殿改建为拜剑阁，移祠厅于仪门厅。1981年重建修葺，对外开放。祠内有王审知治闽功绩展览，闽王墓志铭及其夫人任氏墓志铭亦移入祠中，供参观研究。王审知（862—925年），五代时闽国建立者。909至925年在位。字信通，光州固始（今属河南）人。唐末，与其兄王潮从王绪起兵。王绪被杀，众推其兄王潮为节度使，审知为副使，入福建，据泉州。王潮死后，他继任威武军节度使，尽有今福建之地。后梁开平三年（909年），封为闽王，颇有政绩。因他常乘白马，军中称他白马三郎。

洛神庙

又称"宓妃庙"。在河南洛阳市老城东关洛川街、传三国时魏国文学家曹植在此作《洛神赋》。元至正六年（1346年）建庙。明初续修。今建筑已毁而故址尚存。庙在洛河之畔，洛河绿波荡漾，两岸杨柳成荫，景色宜人。洛神，系宓（伏）羲之女，称宓妃，因渡洛河溺死，遂成洛河女神，又称洛滨。后曹植感念其兄魏文帝曹丕之后甄氏，遂作《洛神赋》。文中表现了作者对洛神的爱慕之情和人神相隔不能如愿的惆怅。文字华美动人，为建安文学中的名篇。晋画家顾恺之绘《洛神赋图》，亦作稀世之宝流传于世。

贺秘监祠

在浙江绍兴市学士街劳动小学内。为唐代诗人贺秘监的纪念建筑。贺秘监即贺知章（659—744年），字季真，越州永兴（今浙江萧山和绍兴交界处）人，唐代诗人。证圣进士，历任礼部侍郎、集贤院学士、太子宾客、秘书监等职。天宝初还乡隐居。性格放达纵诞，自号"四明狂客"。好饮酒，工书法，且与李白、张旭等友善，时称"醉中八仙"。诗存20首。贺知章于天宝年间还乡为道士，居绍兴五云门外道士庄，作《回乡偶书》脍炙人口，广为流传。祠原为其行馆，俗称贺监宅，后为天长观，宋乾道年间改为祠，又改鸿熙馆，明永乐改明真观。清嘉庆时和1938年两次重修。该地原为绍兴风景名胜地，现尚存一石池（长4.5米，宽2.7米）和原祠屋两间，屋内有清光绪和民国年间修祠石碑3通。

袁祠

位于北京市崇文区龙潭湖公园东湖岸上。建于1917年，亦称"袁崇焕庙"，是明末爱国将领袁崇焕的纪念建筑。

袁崇焕庙

在北京崇文区南部左安门里的龙潭湖公园东湖西北岸。1917 年为纪念明代抗后金将领袁崇焕而建。袁崇焕（1584—1630 年），明将领、军事家。字元素。广东东莞人。万历进士。天启二年（1622 年），广宁大败后，单骑出关，考察形势，还京自请守辽。他筑宁远（今辽宁兴城）等城，屡次击退后金军的进攻。六年，获宁远大捷，后金帝努尔哈赤受伤死，授辽东巡抚。次年，获宁锦大捷，皇太极又大败而去。崇祯帝任为兵部尚书，督师蓟辽。崇祯二年（1629 年），后金军绕道自北口入长城，进围北京。他星夜驰援，大战于北京城下。因崇祯帝中反间计，以为他与后金有密约，被杀。一名姓余的卫士将其尸骨背至广渠门内掩埋。庙 3 间。门前有康有为石联一副："其身世系中夏存亡，千秋享庙，死重泰山，当时乃蒙大难；闻鼙鼓思东辽将帅，一夫当关，隐若敌国，何处更得先生。"

庙内碑刻颇多。祠址原为袁崇焕驻兵总部。

泰伯庙

在江苏无锡县梅村镇伯渎河边。据传，泰伯与弟仲雍同避江南。在梅里（今无锡县梅村）筑关城，自号"勾吴"，把北方先进的农业技术和文化传播至此。后代为了颂扬他在此建庙。泰伯庙又名至德寺，俗称让王庙。庙内主要建筑为至德殿，殿前立"至德名邦"的石牌坊，照池上有香花桥，均是明弘治十三年（1500 年）时重建。据说每年正月初九，是泰伯的生日，梅村一带人们都要到此凭吊瞻仰。

桐君祠

位于浙江省桐庐县桐君山。修建年代不详。为纪念人类药物学始祖桐君而建。桐君是黄帝时代人，为乡间郎中。梁陶弘景《本草序》、明代李时珍的《本草纲目》中都有介绍。"采药求道，……止于桐庐东山""识草木金石性味，定三品药物……"。桐君在药物学方面造诣惊人，他以超群的才赋和胆识，首开人类药物学研究之先河，为人类药物学始祖。桐君老人十分清贫。据《浙江通志》记载，桐君住在县东山隈桐树下，时常攀援绝壁，深入幽涧野岭采集百草，然后回到东山支鼎架薪，炼丹制膏。无数伤痛者来此求治，老人济世为民，妙手回春，治愈者分文不取。他常年吃住在桐树下，人们称其"桐君"。为纪念这位长者，后人以此名山，并辟一祠，历代瞻仰者络绎不绝，赢得后人的拥戴和赞扬。桐君祠堂宽敞，祠中供奉的桐君是位鹤发童颜的布衣老者，面带微笑，随身携带药葫芦。在他两侧恭恭敬敬站立着扁鹊、张仲景、华陀、葛洪、孙思邈、李时珍等一排名垂千古的大医学家，他们神情专注，垂手侍立，像是聆听老郎中的训导。祠柱上镌刻着我国著名指书书法家孟庆甲的一副对联："大药几时成？漫拨炉中丹火。先生何处去？试问松下仙童。"

柳子庙

在湖南永州市潇水西岸。为纪念唐代著名文学家柳宗元而建。柳宗元（773—819 年），字子厚，河东解（今山西运城解州镇）人，贞元进士，任监察御史里行，参与主张革新的王叔文集团，升礼部员外郎。王叔文败，永贞元年（805 年），柳被贬为永州司马，居永州约十年，性爱山水，撰有《永州八记》。柳子庙，亦称柳先生祠堂，南宋绍兴十四年（1144 年）年汪藻所撰《柳先生祠堂记》云："零陵之祀先生于学，于愚溪之上，更郡守不知其几，而莫之敢废"。可见远在宋以前，即建有祠庙。现庙为清光绪三年（1877 年）建，砖木结构，三栋进深。前栋为戏台，歇山顶、中殿和后殿为悬山顶。面阔、进深俱为三间。庙内尚存明、清所刻《重修柳司马先生庙记》《荔子碑》等碑刻。《荔子碑》为最有名，共有 4 块，每块高 240 厘米，宽 132 厘米，无碑额，碑座。因碑文首句为

"荔子丹兮蕉黄"而得名。碑为唐韩愈撰文，宋苏轼书写。此碑原刻石在广西柳州罗池庙内，明代摹刻于此。清顺治年间永州知府魏绍芳重刻。解放后，文化部门对柳子庙进行了全面整修，并建"柳宗元纪念馆"于柳子庙内。

柳侯祠

"柳侯祠"是唐代为纪念柳宗元而兴建的祠堂，现坐落在柳州市柳侯公园内。柳宗元（773—819年）字子厚，山西永济县人，是唐代著名的政治家、思想家和文学家。于唐元和十年（815年）被贬为柳州刺史，在柳州释奴、挖井、种树、讲学，为人民做了许多好事。唐元和十四年（819年）病死柳州。唐长庆元年（821年），人民在罗池旁建庙和柳宗元衣冠冢，纪念他的功绩。宋徽宗崇宁三年（1104年），赵信皇帝追封他为文惠侯，罗池庙遂改名"柳侯祠"。现在这座祠堂是清代康熙四年（1665年）重建的。解放后历经多次修茸。增建了长廊和碑廊，使古老的建筑面目焕然一新。柳侯祠为一组三进的平房建筑，大门原在南，后在东部增建一旁门，即为现在的主要大门。祠堂前后长75米、宽25米，建筑占地面积1958平方米。大门、中堂和后厅均为三开间木构，硬山，上覆小青瓦。前后两个小院，竹柏翠郁、绿草如茵，整组建筑显得古朴雅致，气宇轩昂。东面扩建的大门，歇山屋顶，在月亮门洞上面有"柳侯祠"3个大字的匾额，为郭沫若书。门旁木柱上挂有一副对联，集自唐代韩愈的诗句：

山水来归黄蕉丹荔，

春秋报事福我寿民。

是清代同治三年（1864年），永州守都杨翰的书法。目前祠内收藏了宋以来石刻碑多块，其中著名的有宋代石刻"荔子碑"，是唐代哲学家、文学家韩愈的诗，北宋文学家、书画家苏东坡的书法，颂的是柳宗元的事，人称"三绝碑"。1961年郭沫若来柳州谒柳侯祠时曾亲笔题诗一首讴歌柳宗元的功绩：

柳州旧有柳侯祠，

有德于民民祀之。

凡荔黄蕉居士字，

剑铭衣冢众人思。

芟锄奴俗敷文教，

藻饰山川弗品题。

地以人传人以地，

释公遗像诵公诗。

现镌刻碑上，陈列祠内，供人赏鉴。柳侯祠内陈列着柳宗元的塑像及生平事迹图片说明，还有他的很多诗、文、游记。他的作品《柳河东集》是一部研究唐代历史、政治、风俗、山水的宝贵文物。在柳侯祠周围还有柳宗元衣冠冢、罗池、柑香亭、思柳轩等名胜古迹，形成一组纪念柳宗元的建筑群。

桓侯祠

位于四川省阆中县。远古时代，阆中是巴国的一部分。秦惠王伐蜀时，这里是四川最早的县之一。三国时蜀国名将张飞在这里任郡守（那时叫巴西郡）。桓侯祠就是阆中人民为纪念张飞修建的。史书记载：刘国定成都（益州）后，以飞为巴西太守，镇守阆中。章武元年（221年），先主伐吴，令飞率万人自阆中会江州（重庆），临发，其帐下张达、范疆杀飞，持其首顺流而奔孙权。后孙权归首求和，"头葬云阳，身葬阆中。"进桓侯祠大门，穿过古朴重厚的《敌万楼》经石坝，登石级，通过轩敞的游廊，便是基地，它古朴简洁，肃然卓立。墓亭两旁挂着一副对联：

随皇叔驰骋疆场断头永怀三结义

守巴西执政谨严巴人抔土埋忠骨

亭内是一穹庐形的石条拱穴，高、宽各约5米，外用玻璃相罩，其中端坐着"豹头环眼，燕颔虎须、势如奔马、性如烈火、声如巨雷"的"猛张飞"。塑像高2米许，外穿蟒袍，上着鱼鳞铠甲，左手端带，右手按剑，双目圆睁，目光灼灼，生气虎然。像的前方有一座镂刻精细的圆形图腾兽面石斗窝，叫"长明灯"。为纪念保境安民的张桓侯，千百年来，阆中人民每至清明都要为张飞扫墓，并往长明灯献油。塑像两侧的木栅内，陈列着铁矛、蛇矛和铁铜各 1 支，相传是张飞用过的兵器。铁矛约重 36 公斤，蛇矛和铁铜至少也有 20 多公斤。墓高约 6 米，坐北向南，头枕盘龙山，面临嘉陵水，方圆 110 平方米，全用黄色沙土垒成。墓周用石条砌成花墙，墓亭高耸其间，四角翘起，翼然欲飞。关于张飞的遇害，阆中有生动的传说，寄寓了人民对张飞的喜爱，对张达、范疆投敌邀功的憎恨。明人有诗曰：

桓侯古墓依江滨，

生气还如敌万人。

遗憾化为祠上雾，

至今重迭镇松筠。

韩祠

在广东潮州市东笔架山，与潮州市仅一水之隔。为纪念唐代文学家、哲学家、潮州刺史韩愈而建。宋咸平中始辟为祠。

南宋淳熙十六年（1189年）修。自元至明维修20次，清康熙十九年（1680年）重建，光绪十四年冬（1888年）又重修。建筑形式简朴雅致，墙壁用水磨砖砌成，祠内分前后两进，后进台基高约2.5米。正中供韩愈塑像，左右还有韩湘子，唐潮州进士赵德，宋潮州知军州事丁允元，通判陈尧佐，清初潮州知府龙为霖等塑像（已圮）。祠内有历年碑记30余块，其中有苏轼撰的《韩文公庙碑》和明成化二十年（1484年）御史徐瑁的《潮州昌黎庙碑》等。韩愈（768—824年），唐文学家、哲学家。字退之，河南河阳（今河南孟县西）人。自谓郡望昌黎，世称"韩昌黎"。三岁而孤，由嫂郑氏抚养成人。刻苦自学，二十五岁时登进士第。先后任汴州观察推官、四门博士、监察御史等职。任监察御史时，曾因关中旱饥，上疏请免徭役赋税，指斥朝政，被贬为阳山令。元和十二年（817年），从裴度平淮西吴元济有功，迁为刑部侍郎。后两年，又因谏阻宪宗通佛骨，几被杀，经裴度等援救，改贬为潮州刺史。穆宗即位，奉召回京，为兵部侍郎，又转史部侍郎。卒谥文。政治上反对藩镇割据，思想上尊道排佛。所作《原道》《原性》，强调自尧舜至孔孟一脉相传的道统；又认为人性有上、中、下三品之分，提出性三品说。另有《师说》，认为"人非生而知之者"，并提出"弟子不必不如师，师不必贤于弟子"的教育见解，对后世影响很大。在文学上，倡守古文运动，一生也创作了许多优秀的散文，形成一种独具风格的富于逻辑性与规范性的文体，被列为"唐宋八大家"之首。其诗力求新奇，但也不免流于险怪，对宋诗影响颇大。有《昌黎先生集》。

韩侯祠

位于江苏省淮安城中心镇淮楼东，为明代建筑。祠堂门口的廊柱上，挂有明代文人撰写的一副楹联。祠内立有韩信身佩长剑的塑像。南北墙上各嵌石刻一块，上面记载了韩信的生平。韩信（？—前196年），汉初诸侯王，著名军事家。淮阴（今属江苏）人。有谋略，晓兵法。初从项梁起义军，为郎中。后归刘邦，经萧何推荐，被任为大将。楚汉相争时，刘邦采其策，攻入关中。刘郑在荥阳、成皋间与项羽相持时，他率军抄袭项羽后路，先以数千之众背水为阵，大破赵军 20 万人，斩赵军主将陈余，尽克赵地，继又克燕破齐，据有黄河下游之地，自称齐王。公元前 202 年，他率军与刘邦会合，垓下之战，尽歼项羽主力。他与张良、萧何并称汉家"三杰"。汉朝建立，封楚王，后降为淮阴侯。汉高祖十一年（前 196 年），为吕后所杀。著有《兵法》3 篇，今已失传。

韩愈祠

在河南孟县城西 6 公里韩庄村。是唐代文学家、哲学家，韩愈的纪念建筑。祠为清代敕命修建。山门为前殿，后面是享堂。享堂飞檐凌空，气势宏伟。院中有 7 株苍劲挺拔的古柏，其中两株最大，下竖石碑，碑上镌有大字："唐柏双岐"。古柏生机盎然，树身向西南倾斜，人育因韩愈眷念京城长安而致。唐柏北面碑石林立，碑文记载了韩愈生平及后人对韩愈墓址的考证。其中一座大碑上刻有唐文学家皇甫湜撰写的《文公墓志铭并序》，原碑已失，此碑为后人重刻。祠后有韩愈墓。现祠已整修一新。

贾谊祠

在河南洛阳市老城东关爽明街。是西汉学者，大臣贾谊的纪念建筑。贾谊（前200—前168年），洛阳（今河南洛阳）人，西汉学者、大臣。十八岁时即以文才出名，二十岁被文帝召为博士，后历任太中大夫、长沙王太傅、梁怀王太傅等。曾多次上书劝农立本，因政治抱负无从施展，年三十三岁忧郁而死。著有《过秦论》《治安策》《论积贮疏》《吊屈原赋》《新书》等。祠约建于明清时期，清末一度改为河南府中学，解放后改为洛专医院病房。今仅门房尚留原貌，祠内建筑已全部更置，有关单位正拟修葺悬匾。

顾亭林祠

在北京市宣武门外报国寺内。寺为京师名刹，清初思想家顾炎武曾寓居寺中。道光二十三年（公元 1843 年）夏，由太史何绍基集资在寺西为顾炎武建祠。顾炎武（1612 或 1613—1682 年），初名绛，字忠清，自署蒋山佣；明亡改名炎武，号亭林，江苏昆山人，明亡不仕。晚年上居陕西华阴，死于曲沃。其哲学观点有朴素唯物论倾向，对经学、音韵、史地等颇有研究；又工诗，在阐明音学源流和分析古韵部目等方面多有贡献。有《天下郡国利病书》《日知录》，《肇城志》《亭林诗文集》。祠为三楹，备具几筵、礼器等，每逢春秋二季向祀。祠内曾收藏过顾炎武私人藏书，今散佚。

顾野王祠

在江苏吴县光福镇铜观音寺侧。为南朝训诂学家、史学家顾野王的纪念建筑。顾野王（519—581年），字希冯，吴郡吴（今江苏苏州）人，南朝梁陈时训诂学家、史学家。七岁能读《五经》，九岁能属文，十二岁撰《建安地记》二篇。及长，遍读经史，于天文地理、蓍龟占候、虫篆奇字无所不通。后入仕，曾掌国史，主修梁史。有《玉篇》30卷，为我国训诂学重要著作。另撰《舆地志》《符瑞图》《通史要略》《国史纪传》等，均佚。祠始建年代不详，原祠为二进七间，后四间内塑顾野王坐像，并有廊可通光福寺内。相传光福寺及塔山，梁时为顾氏家山和私宅，顾野王曾在此绘画、著书，今有遗迹墨泉，又称墨沼、洗砚池。山之东，称东园，明时称顾园，后称方家园，传均为顾野王旧物。现祠为三间，形制古朴。

皋陶祠

在安徽六安县城东8公里。皋陶（亦作咎繇）传为颛顼之子，舜之臣，六（今六安）为其封地，故六安又称皋城。辅舜政，明五刑，弼五教，卒后，民念其德，立祠祀之。祠原在六安城北，清乾隆三十七年（1772年）移此，咸丰年间毁于兵火，光绪二十三年（1897年）重修。祠为前后两进各三间，两厢各二间，四合院形式，后进正殿立有"敕封虞士师皋陶公之神主位"木主，壁内嵌有重修祠宇碑记。

徐公祠（浙江绍兴）

位于浙江绍兴市胜利路141号，大通师范学堂旧址。为纪念近代民主革命家徐锡麟所建。

徐公祠（湖北襄樊）

位于襄樊市45公里的小东门外。俗称"徐庶庙"。逃难的蜀汉烈昭帝，三国时蜀汉的建立者刘备在南漳与谋士徐庶相识，遂请徐至军中相佐。祠始建于清嘉庆元年（1796年），后南漳守备任海立"汉徐庶故里碑"。原祠堂是两进院落，黄檀木大门横额彩绘"八仙过海"、"二龙戏珠"，其左书"龙吟"，右书"虎啸"，正殿有徐庶先生塑像，后毁。现祠为1985年维修。徐庶，三国时谋士。先名福，本单家子，字元直，颍川（今河南禹县）人。少好任侠击剑，后始折节读书，与诸葛亮等为友。后归刘备，乃推举诸葛亮。曹操取荆州，从刘备南行，以其母为曹军所执，被迫归曹操，官至右中郎将。魏明帝时病死。后人建祠以祀。

徐福祠

位于江苏省黄海之滨的赣榆县徐福村。是中日交往第一人徐福的纪念建筑。据司马迁《史记》载：徐福奉秦始皇之命率数千童男女及百工匠人浮海去追寻三神山求长生不老药，结果到一处"平原广泽"，"止王不来"，从此消失得无影无踪。"平原广泽"为日本列岛。徐福是中日交往的第一人。徐福祠是在古代徐福庙旧址上重修。新建徐福祠为木石结构三大楹宫殿式建筑，祠内立有古铜色的徐福塑像。

唐寅祠

在江苏苏州廖家巷准提庵内，准提庵原名桃花庵，明万历十年（1582年），僧旭小创建，天启六年（1626年），杨火漾供奉准提像于此，因易今名。清康熙间巡抚宋荦重修，浚池时得唐寅《桃花庵歌》石刻。嘉庆五年（1800年），吴县令唐仲冕拓建庵东为唐解元祠（即唐寅祠），署额"桃花仙馆"，同治间重修。唐寅（1470—1523），字伯虎，一字子畏，号六如居士、桃花庵主、逃禅仙吏等，江苏苏州人，明代文学家、书画家。曾举乡试第一，因事谪为吏，耻不就职，自放于名山大川，筑桃花坞以居。毕生致力绘画，擅山水，工人物、花鸟、兼及书法，且能诗文，与祝允明等并称"吴中四才子"，其画与沈周、文征明、仇英并称"明四家"。有《六如居士全集》

《画谱》等。死后葬城西南王家村旁。现墓丘高约 2 米，四周占地约 1 亩。碑亭和墓碑已毁。

诸葛亮庙

在陕西岐山县城南 20 公里五丈原。三国时蜀汉的大军事家诸葛亮，于建兴十二年（234 年），屯兵五丈原，与魏将司马懿隔渭河对垒相持达百日之久。五丈原高 120 余米，面积约 12 平方公里，西接麦里河，东界石头河，南临棋盘山，北据渭水，周围峭壁，地势险要，可攻可守，是有名的古战场。在此，诸葛亮曾设妙计，佯作屯田运粮和搦战诈败，引魏兵困入葫芦谷，放火烧断谷口，欲烧死司马懿全军，可是天忽降大雨，熄灭了大火，计谋未能成功。当时诸葛亮仰天叹曰："谋事在人，成事在天"。这就是世传"火烧葫芦峪"的故事。诸葛亮这位毕生志在恢复中原，"鞠躬尽瘁，死而后已"的杰出人物于这一年秋病死在五丈原军营中，享年 54 岁。后人为纪念他，便在这里修建了诸葛武侯祠。据岐山县志及碑文记载，原诸葛亮庙建于元朝初年。现庙院中树木参天，殿宇古雅，院中八卦亭，设计精巧，两侧有钟、鼓楼，后面是正殿。正殿内有诸葛亮彩塑泥像一尊，神态端庄自如。庙内献殿壁间，嵌有清刻岳飞书写的前后《出师表》石碣40方，字体系行草，运笔如龙蛇竟飞。气势磅礴。

诸葛武侯祠

在陕西岐山县城南约20公里处，五丈原，即"诸葛庙"。为三国蜀汉政治家、军事家诸葛亮的纪念建筑。

高庙

在陕西汉长安城遗址北城墙中段，距今西安城北墙约7.5公里。高庙为汉高祖刘邦的祀庙。刘邦（前256—前195年），沛县（今属江苏）人。汉王朝的创立者，公元前202—前195年在位。曾任泗水亭长。前209年响应陈胜吴广起义，与项羽同为反秦主力。前206年，攻占成阳，推翻秦朝统治，被项羽封为汉王。前202年战胜项羽，建立汉朝。他继承秦制，实行中央集权；先后消灭韩信、彭越、英布等异姓诸侯王；迁六国贵族和地方豪强到关中，加强控制；实行重本抑末和休养生息政策，促进了社会经济的恢复和中央集权的巩固。刘邦于公元前195年卒于长乐宫，同年葬于长陵。高庙位于长乐宫和长陵之间，《历代陵寝备考》记载，"秦庙中钟四枚，皆在汉高庙中"，"钟重十二万斤"。公元21年，王莽为了表示"天命更替"，派虎贲武士入庙破坏，用桃枝水浇洒四壁，并改为兵营。公元24年，光武帝即位，重修宗庙。东汉迁都洛阳后，仍派官祭祀。现高庙遗址尚存，近城墙处有高大的建筑台基。

海公祠

位于浙江淳安县城南山之麓。是明代政治家、我国历史上著名清官海瑞的纪念建筑。海瑞（1514—1587 年），明琼山（今属广东）人，字汝贤，一字国开，自号刚峰。回族。嘉靖二十八年（1549 年）以《治黎策》中举。初为南平教谕，后历任浙江淳安，兴国知县，推行清丈，均平赋税，并清理一些冤狱。四十五年住户部主事时，上疏进谏明世宗迷信道教，妄求长生，二十余年不视朝政等事，获罪下狱。世宗死后始得释。隆庆三年（1569 年）任应天巡抚，锐意兴革，疏浚吴淞江和白茆，推行一条鞭法。因索恶大户兼并，力摧豪强，曾接受百姓控告，勒令前内阁首辅徐阶退田。后被劾"鱼肉缙绅，沽名乱政"，遭排挤去职，闲居 16 年。万历十三年（1585 年）72 岁再起，先后任南京吏部右侍郎和南京右金都御史，力主严惩贪污。两年后病死于任上。为官清廉，刚直不阿。谥忠介。著作有《海瑞集》。因海瑞曾任淳安县令，民感其恩而建祠以祀。纪念祠原址在淳安老城西面，明万历五年（1577 年），知县吴天洪改建于南山之麓，内有海瑞塑像，"去思碑"等。

海神庙

位于山海关城南约 4 公里，在万里长城之首的老龙头西侧。传说宋代福建姑娘林默自幼苦练武功，成人后神通广大，经常为民降妖除孽，深得沿海渔民的爱戴。她死后，当地渔民为感激她施恩于百姓，特意修庙供奉她。后来由于兵荒马乱渐渐损毁。1988 的 3 月，当地政府决定重建。新建的海神庙重现了当年的风采，由海神殿，游廊等 9 大部分组成。主体建筑海神殿布局严整、气势宏伟。

浣花夫人祠

又名"冀国夫人祠"。在四川成都杜甫草堂与草堂寺之间的花径中部北边。为一厅两厢独院。正殿塑浣花夫人和两侍女像。有联云："搴裙逐马有如此，翠羽明珰尚俨然。"据《唐书·崔宁传》载，大唐历三年（768 年），四川节度使崔宁奉诏入京城长安，泸州刺史杨子琳趁机率部攻取成都。宁弟崔宽屡战不胜，宁妻任氏散家财十万，招募勇士，亲率出击，打退杨军。崔宁后敕封冀国公，任氏封为冀国夫人。据载，任氏出生在城都浣花溪的农家，故又称浣花夫人。杜甫离成都后，崔宁据草堂为别墅，让任氏居住，后任氏舍宅为寺。任氏死后，寺中立专祠并绘像纪念。祠几经兴废，明末已不存。清光绪十二年（1886 年）又重建。传农历四月十九日为任氏生日，每逢此时，都有百姓出城拜祠下。

郡王祠

在福建金门县内夏壁与后丰两港高岗之中，是明朝民族英雄郑成功的纪念建筑。建于 1969 年，供延平郡王郑成功像。祠庙与隔海的南安县石井乡——成功故乡遥遥相望。祠宇面积 300 平方米，高 11 米，宽 21 米，深 14 米，系水泥钢筋宫殿式建筑。雕梁画栋，碧瓦飞檐，古色古香。郑成功雕像高 2.1 米，峨冠蟒袍，庄严肃穆。祠宇正面两壁大理石镌有郑成功年表。祠四周花木成荫，绿草如茵。

陶公庙

在湖南长沙县㮾梨镇临湘山。为祀陶淡叔侄之所。《湖南通志》载："陶淡，晋太尉侃之孙。少孤好道，饵灵草辟谷，研究易卜。结庐长沙临湘山。一白鹿与居，三白鹤常侍左右。与其侄烜炼形尸解，遗脱犹存。"当地百姓感念其诚，于南朝梁天监六年（507 年）建庙。历代香火不断，被誉为"千古名山，六朝遗庙"。清咸丰二年（1852 年），天旱，祷雨应灵，邀钦封陶淡为孚佑真人，陶烜为福祐真人，故庙又称为陶真人庙。经历代维修，布局未改。现存建筑物系清代修造，由山门、戏楼、台阶、正殿、桂花园构成主轴线，富有晚清时期南方民间建筑风格，装饰艺术精湛。庙前台阶 48 级。分前后两殿。殿中悬朱熹手书"德化无疆"及清同治帝御碑"民赖恩福"大匾。还有清书法家翁同龢手书"古戏楼"一匾。殿后桂花园风景雅秀，旧为文人墨客吟诗作赋之所。

陶渊明祠

又名"陶靖节祠"。为纪念晋代文学家、大诗人陶渊明而建。在江西省九江县。坐北朝南，距陶墓百余米。为一进两幢砖木结构古祠建筑，面积约为 247 平方米。祠内上堂檐首及中堂原有匾额两块，各书"隐士佳风"、"清风高节"。全祠文字陈述仅存大门首直书匾"陶靖节祠"，以及上下堂之间过道耳门首横刻匾"柳巷"。祠外柳树甚多，风景优美。陶渊明（365或 372 或 376—427 年），东晋大诗人。一名潜，字元亮，私谥靖节，浔阳紫桑（今江西九江）人。《晋书》《宋书》均谓其系陶侃曾孙，后人亦有疑其说者。曾任江州祭酒、镇军参军、彭泽令等职，因不满当时士族地主把持政权的黑暗现实，决心去朝归隐。长于诗文辞赋，诗多描绘自然景色及其在农村生活的情景，其中的优秀作品隐喻着他对腐朽统治集团的憎恶和不愿同流合污的精神，但有的也宣扬"人生无常"、"乐天安命"等消极思想。至如《吟荆轲》《读山海经·精卫衔微木》等篇，则寄离抱负，颇多悲愤慷慨之音。其艺术特色，兼有平淡与爽朗之胜；语言质朴自然，而又极为精炼，具有独特风格。散文以《桃花源记》最有名。有《陶渊明集》。

陶靖节祠

又称"陶公祠"。位于安徽省东至县东流镇。这是后人为纪念晋朝文学家、大诗人陶渊明而建立的。晋时东流一带属彭泽县，陶潜（字元亮，又字渊明，谥号靖节）任彭泽县令时，曾在此种菊、赋诗。他不愿"为五斗米折腰"而辞官之后，怕州、郡派人来找，便跑到东流镇隐居种菊。据池州府记载，陶潜在东流作《勤农吟》长诗，劝当地官民重视和发展农业，并劝说要"储粮备荒"。后人敬慕他的高风亮节，在明万历元年（1573 年），在东流镇上立祠以祀。明末毁于兵乱，后复建于清顺治二年（1645 年），祠前有垂柳五棵，婆娑多姿，祠右是碧光粼粼的学湖，祠左有烟波浩渺的七里湖；陶潜涉水浇菊的一条河被称为"菊江"。其名一直沿用至今。祠前远眺，大江东去，波涌浪飞。据记载，祠内四面通达，中为龛，前设香案。祠前为厂亭，亭前为月台，宽广各数丈，周围累砖为垣。临江为坊，坊外丛植菊。历代前往拜谒的名流、学者，不乏其人。虽几经战乱，现仍存祠所及四面短垣。祠旁原建有文昌阁、太白书楼等，现均已埋没。陶公祠现为重点文物保护单位。

戚公祠（福建宁德）

在福建宁德县漳湾村街头。明嘉靖三十九年（1560 年），一股倭寇由浙东流窜宁德，结巢于横屿岛（距漳湾村 5 公里），烧杀掠抢，为害甚烈。嘉靖四十一年（1562 年）八月，著名抗倭将领、军事家戚继光率军剿击，"人持草一束，填壕进，大破其巢，斩首二千六百"，一举全歼岛上倭寇。乡民为纪念戚继光功绩，集资建祠，勒石立碑，年年祭祀。祠为土木结构，三开间，硬山屋顶。祠内原有戚继光及副将陈大成、王如龙和戚子国祚等四尊塑像。今祠尚存，塑像因年久失修，已毁，当地准备重新修缮，并陈列戚继光的有关文物。

戚公祠（福建福州）

位于福建省福州市于山，系福建人民为纪念明代抗倭名将戚继光而建。祠内有平远台、醉石亭、蓬莱阁、补山精舍、吸翠亭等。石奇坡转，径幽路曲。富有园林特色。柯厅正中有戚继光泥胸塑像，壁上挂四幅历史画图，反映戚继光入闽抗倭功绩。厅内还展出戚继光衣冠甲胄和他所著《练兵实记》和《纪效新书》等实物。平远台原在鳌顶西，圮毁已久。现在的平远台系 1933 年蔡廷锴等人重建。明嘉靖四十一年（1562 年），戚继光连打三大胜仗，福州官绅曾于平远台设宴庆功。相传戚继光酒后至第一峰方形巨石醉卧，因名"醉石"。祠内岩石上新镌郁达夫作于 1937 年的《满江红》词一首，曰："三百年来，我华夏，威风久歇。有几个，如公成就，丰功伟烈！拔剑光寒倭寇终当雪；楚三户，教秦灭。愿英灵永保，金瓯无缺。台畔班师酣醉石，亭边思子悲啼血。向长空，洒泪酹干杯，蓬莱阙"。

黄帝庙

又名"轩辕庙"。在陕西黄陵县城北桥山东麓半山腰。《续修陕西通志稿》云："相传轩辕北巡狩，携四妃至此，故祀之。"《中部县志》（中部县即黄陵县）云："轩辕在位百年，年一百一十一岁。葬于桥山。左彻（黄帝之臣，黄帝驭龙升天，他抱弓而号者）立庙祀之，帅诸侯群臣岁时朝焉"，一说宋太祖开宝年间，地方奉敕移建于今地。嗣后历代修葺祭祀。现有重修碑记和祭碑记 50 多通。排列在庙院碑事中，庙后正厅大殿挂黄帝造像，门首高悬"人文初祖"金匾。相传黄帝姓公孙，名轩辕，号有熊。一说黄帝姓姬，号轩辕氏。有熊氏，生于山东寿丘，逝在河南荆山。黄帝最初住在北方，后南下定居在黄河流域。炎帝部族遭到九黎族的攻击。炎帝求救于黄帝部族。双方联合，击败九黎族，杀了蚩尤。此后黄帝统一华夏，发展了中华民族，因而被看成是我们民族团结统一的神圣象征。

落圣庙

在河南省长垣县学堂岗村。相传春秋末期著名思想家、教育家、儒学派创始人孔子由鲁国去卫国途中遇雨，曾在此借宿讲学。后人为纪念他而建立庙宇，始建于汉，历代增修扩建。明天顺年间（1457—1464 年）重修，至明代后期成为一座拥有殿、堂、亭、阁，规模相当的建筑群。庙内原有杏坛亭、透影壁、唐槐、汉柏等文物古迹，现为中学校址。据山东曲阜孔庙内所藏《圣迹图》载，孔子去卫途中过蒲（今长垣）遇雨，在学堂岗留宿。当时孔子弟子子路在蒲做官，请孔子讲学，并邀好友来听讲。相传旧历三月十一日是孔子开讲的日子，后世每年这一天都要举行盛大庙会，各地乡民纷纷来此"朝圣"。

崇圣祠（山东曲阜）

在山东曲阜孔庙诗札堂后。原是明弘治十七年（1504 年）重建的孔子家庙，清雍正二年（1724 年）追封孔子五世祖为王，将家庙改称为崇圣祠，亦称五代祠。祠阔 5 间，深 3 进。前后有廊，前檐六石柱，中二浮雕盘龙，余为八棱水磨镑花。祠内中祀孔子第五世祖肇圣木金父，左供高祖裕圣王祁父，祖父昌圣王伯夏，右供曾祖诒圣王防叔，父亲启圣王权梁纥，以颜回之父颜无繇、曾参之父曾点、孔伋之父孔鲤、孟子之父激公宜配享，以宋代理学家周敦颐之父周辅成、张载之父张迪、程颐和程颢之父程珦、朱熹之父朱松、蔡沈之父蔡元定从祀。

祠前院内有明代孔子世系碑；刻有孔子后代嫡系子孙的名字，是研究孔氏家族繁衍的重要资料。祠后有家庙7间，建于清雍正年间。中祀孔子夫妇，左祀孔鲤夫妇，右祀孔伋夫妇，再左祀四十三代文宣公、孔氏中兴祖孔仁玉夫妇，为孔氏后代私祭之所。

崇圣祠（北京）

在北京东城区安定门内国子监街孔庙最后一座独立的小院内。建于明嘉靖九年（1530 年），清乾隆二年（1737 年）将屋顶的青瓦换成绿琉璃瓦。祠南向，有正殿 5 间，前有崇圣门，东西庑各 3 间。崇圣祠是供奉并祭祀春秋时期著名思想家、教育家、儒家学派创始人孔子以上五代先人牌位的地方，故又称五代祠。祠内正位为孔子前五世祖木金父，高祖祁父、曾祖防叔、祖伯夏、父叔梁纥。配位5人：东配为孔孟皮，曾参之父曾皙，孟子之父孟孙激，西配为颜回之父颜无繇，孔伋之父孔鲤。两庑从祀先儒之父5位：程颐、程顾之父程珦，张载之父张迪，蔡沈之父蔡元定，周敦颐之父周辅成，朱熹之父朱松。

崇德祠

位于四川省灌县西门外，都江堰东岸的玉垒山麓。为纪念治水有功的李冰父子所建。亦称"二王庙"。

望丛祠

在四川郫县城南郊，距成都23公里。全称望帝丛帝祠。为古代蜀国望帝杜宇、丛帝开明的纪念建筑。始建于宋，现祠为清道光十四年（1834年）重修，占地1.3万余平方米。庭院内楼亭池殿，错落起伏，曲折清幽。二帝陵墓位于园内，一前一后状若山丘。郫县古为蜀都，相传望帝杜宇"教民务农"，开明"决玉垒山以除水害"。杜宇死后禅位开明，魂化为鸟，名杜鹃；因怀恋故土，每年春三月，昼夜飞鸣，音若布谷，故亦名布谷鸟，意在催农春播。二帝因皆遗爱在民，后人尊祠。明、清以来，每年开春，各级官员先来此祭祀，然后才到灌县都江堰举行放水典礼。杜甫《杜鹃行》诗曰："古时杜宇称望帝，魂作杜鹃何微细。"现城北崇兴乡有长数百米，高约2至5米的高低起伏的废城垣，夯土痕迹可辨，相传为古蜀王杜宇城遗址。

曾庙

在山东嘉祥县城南20公里南武山南麓。原祀孔子弟子曾参。曾参（前505—前436）字子舆，事亲至孝，作《孝经》，封宗圣，故曾庙又称宗圣庙。始建年代无考，明弘治十八年（1505年）重修，面积约26000平方米。门外分立石坊三座，中题"宗圣庙"，左题"三省自治"，右题"道传一贯"。建筑主次分明，左右对称。宗圣殿建于长方形石砌高台之上，四周围以雕花石栏。大殿7间，进深4间，重檐九脊歇山式，绿琉璃瓦复顶。四周廊柱22根，通体平雕花卉，刻工精细。殿内望板中央饰八角藻井，浮雕金龙细珠，正中旧有曾参塑像，现神龛，供桌尚存。庙东北隅原有曾府，已废圮，庙南里许有曾参墓。

梁红玉祠

在江苏淮安县新城北辰坊。梁红玉是南宋抗金名将韩世忠之妻。曾在江苏镇江金山击鼓助战抗击金兵，后随韩世忠率部进驻淮安，在淮安城北0.5公里许筑新城抗击金兵。后人在此为之塑像建庙。因她排行第七，俗称"七奶奶庙"。祠为3间，内有梁红玉戎装佩剑的泥塑，三面围墙，中间一庭院，南面大门和石鼓一对。已整修完好。

清烈公祠

又名"屈原祠"。位于湖北秭归县城东 1.5 公里，长江北岸向家坪。为纪念战国时期楚国伟大的爱国诗人，世界文化名人屈原而建。

彭家珍祠

又名"彭大将军专祠"。在四川成都市青白江区城厢镇东南角。1938 年按孙中山生前指令修建。庭院占地约 7000 平方米。祠外有荷塘园林。祠内树木葱茏。彭大将军纪念堂为一幢 3 间的中式平房。彭家珍（1887—1912 年），字席儒。四川金堂县人。著名近代民主革命烈士。毕业于成都陆军武备学堂，后去日本考察军事，参加同盟会，曾任京津同盟会军事部长。1912 年 1 月 26 日，在北京炸死清军咨使宗社党首领良弼，自己也受伤牺牲。同年3月革命党人追认其为大将军，孙中山亲自参加了为烈士举行的国葬，并将遗骨留葬于北京万牲园（今动物园）。祠前数十步有同时建立的纪念碑。高10米，四周鲜花环绕。碑的上半部东西两面刻"彭大将军家珍烈士纪念碑"11个大字；南北两面刻"彭大将军家珍殉国纪念碑"11个大字。碑的下半部刻有将军生平传略和英雄事迹以及烈士生前的豪言壮语"匈奴未灭，男儿何以家为"、"死后二十年又是一青年，诸君勿恐"等和装饰性图案。距祠1公里处有烈士衣冠冢，墓碑上镌刻着"特任大将军彭家珍之墓"。在烈士出生地姚渡乡还建立了"彭大将军故里碑"。

董子祠

坐落在陕西省西安市和平门内西侧城墙角下。是西汉哲学家，今文经学创始者董仲舒的陵园。董仲舒在封建社会是一位很有名望的人，仕人晚辈经过他的陵墓时，都下马步行，表示敬仰。因而又叫"下马陵"。董仲舒仕途坎坷，一生不得志。死后葬于胭脂坡下，隋唐建筑长安城后，迁葬到此处。明正德年间，陕西巡抚王诩为其建了陵园，称为"董子祠"。清康熙六年，咸宁县知县黄家鼎重建祠堂三间，大门前立石、上书"下马陵"三字。解放后，董子祠被某单位托儿所占用，房屋被改造，但陵墓、碑石仍保存着。

董宣祠

在河南洛阳市老城东大街，鼓楼东道北。董宣，字少平，东汉杞县人，光武初年为洛阳令。执法严明。不畏权贵。时湖阳公主（光武帝之姊）家奴白日杀人，藏匿主家，被董宣抓获，就地格杀。湖阳公主告之光武帝，帝命他向公主叩头谢罪，他不肯俯首，遂被光武帝称作"强项令"。死后身无长物，后人建祠以祀。今存房舍数间，内有老槐1株，大可合抱，枝干苍郁，绿荫垂庭。

集贤祠

位于湖南桃源县城西南 15 公里处的桃花源。祠内供奉着东晋文学家、诗人陶渊明；唐代著名诗人、画家王维；北宋文学家、书画家苏轼；北宋文学家、政治改革家王安石等历代文化名人的塑像。

鲁班祠

在山东济南市千佛山。是鲁班的纪念建筑。鲁班，我国古代的建筑工匠。公输氏，名般，春秋时鲁国人。般与班同音，故称鲁班。曾创造攻城的云梯和磨粉的石磨，又相传曾发明木工工具。旧时建筑工匠尊为"祖师"。祠为古典式建筑，翘角飞檐，上着小青瓦。祠中有鲁班塑像，旁立侍者，男女各一。

寇准祠

在海南海康县城雷州西湖公园内。为纪念南宋名宰相寇准而建。寇准（961—1023 年），北宋政治家。字平仲，华州下邽（今陕西渭南）人。太宗初年进士。景德元年（1004 年），辽（契丹）军进攻时，他任宰相，反对王钦若等南迁的主张，力主抵抗，促使真宗往澶州（今河南濮阳）督战，与辽订立澶渊之盟。不久王钦若排挤罢相。晚年再起为相。天禧四年（1020 年）又被丁谓排挤去位，封莱国公。后被贬逐到雷州（今海南海康）死于南方。后人建祠以祀，现祠内尚存寇准曾饮用过的"莱公井"。

童宾祠

在江西景德镇珠山之南原御窑厂内。《浮梁县志》载："万历间，内监潘相奉御董造，派役于民，童氏应报，大族人惧，不敢往，神毅然执役。时造大器，累不完工，或受鞭棰，或苦饥荒，神恻然伤之，愿以骨作薪，匄器之成遽跃入火。翌日启窑。果得完器，自是器无弗完者。家人收其馀骸葬凤凰山。相感其诚，立祠祀之。"清康熙十九年（1680年），"藏、徐两部郎董制陶器，每见神指画呵获于窑火中，故饶守许拓祠地加以修葺焉。"雍正六年（1728年）又重修，督陶使唐英为之作传，并题书"祐陶灵祠"，字用青化瓷板烧成嵌于门。据查，童宾乃里村童家人，今其墓还在，但祠已毁，唯"祐陶灵祠"瓷板尚存。

楚庄王庙

在湖北郧城中南部。楚庄王（？—前591年），春秋时楚国君。芈姓，名旅（一作吕，侣），公元前613年至前591年在位，共23年，他用兵于外，饬政于内，武功卓著，国势昌盛。死后人怀其威，遍立庙祀之。清代江陵境内犹有多座，今独存此。庙为悬山式屋顶，建筑平面长8米，宽6米。庄王塑像供于正中，旁供贤相孙叔敖等。

舜庙

在湖南宁远县南九舜源峰下。传说虞舜为我国上古时氏族酋长（约前2250年）。《史记·五帝纪》载："南巡狩，崩于苍梧之野，葬于江南九疑，是为零陵。"庙建于明洪武四年（1371年），清代屡经修葺，正殿已圮，殿后扩碑亭，内竖立隶书石碑刻"帝舜有虞氏之陵"。

舜王庙

亦名大舜庙或舜皇庙。在浙江绍兴市东南43公里的两溪村。建于临溪的小山上。相传远古虞舜游憩于此，山因此而得名舜王山。庙中祀虞舜像。旧时山民崇奉，岁时祭供，每年元宵节灯火殊甚。庙建于清咸丰年间。同治元年（1862年）重建。有石阶百余级，从溪边导上庙门。庙坐北朝南，门前有巨樟1株，围4.5米，荫可亩余。入门即戏台，长5米、宽4.7米、高12米。台顶飞檐双重，面对正殿，舞台3面的眉梁和两侧厢房的门窗上刻有构思巧妙，姿态各异的古典小说中的人物、故事。庙内大殿高9米，面宽13米，进深23米，前面立石柱4根，中间两根刻云龙，旁边两根刻舞凤。大殿原分前后两进，各有虞舜像1尊，前殿塑像较小，后殿塑像较大。两侧山墙的前端，有石刻西湖十景图。庙内尚存石碑4块。庙中间山门，两旁花窗用整块石板雕镂而成，四周花格密布，中间是一幅浮雕。庙宇建筑构件上，结构独异，遍布砖雕、石雕、木雕，皆出于当时高手，造作精细，富丽宏伟。舜，传说中父系氏族社会后期部落联盟领袖。姚姓，有虞氏，名重华，史称虞舜。曾耕于历山，渔于雷泽，陶于河滨。因四岳（四方部落联盟首领）推举，奉尧命摄政。他放逐共工、兜、三苗，殛死治水不成的鲧，派鲧子禹继续治水。尧死后继位，又咨询四岳，选贤任能，并以治水有功的禹为继位人。后南巡死于苍梧之野，葬于江南九疑，后人建庙以祀。

窦大夫祠

在山西太原市西北 20 公里上兰村，汾河峡谷左侧。山石壁立，清流潺潺，祠内古柏苍翠，殿宇巍峨。晋国大夫窦犨，字鸣犊，封地太原，曾开渠兴利，后人在此立祠奉祀。祠在烈石山下，故又名烈石神祠。宋元年八年（1085 年），封窦犨为英济侯，故亦称英济祠。创建年代不详，唐人李频《游烈石》词中有"驻马看窦犨像"句，证明唐代已有。宋元丰八年六月，祠为汾水所淹，遂北移重建。历代都留有碑记。现存山门、献事、大殿等都是元至正三年（1343 年）重建，局部还保留宋金时期风格。就中献亭甚大，后檐柱，用大殿明间廊柱代替，结构简练而严谨，为金、元建筑中所罕见。祠旁清泉自烈石山苍崖下涌出，清澈见底，游鱼可数，因水温较低，人称

"寒泉"。与苍柏古祠相辉映，饶有雅趣。"烈石寒泉"为太原名胜之一。

裴氏祠堂

位于山西省闻喜县礼元镇裴柏村。裴氏原为三晋望族，汉唐年间，人才济济，英杰辈出，其中任宰相者 59 人，主掌六部（吏、礼、户、兵、刑、工部）者近百人，官居太守以上职位者近 300 人，持爵者 800 余人。历史上著名的地理学家裴秀、史学家裴松之、军事家裴度等，都是裴氏家族的杰出人物。裴氏祠堂始建于唐朝贞观元年（629 年）后屡遭兵燹，祠堂建筑已毁，现仅存碑刻数十通，其中著名的有北周裴鸿碑、唐玄宗李隆基御书碑、唐朝愈平淮西碑及汉唐石雕等。

稷王庙

在山西万荣县西北 8 公里稷王山麓太赵村。相传上古时后稷教民稼穑于此，因名稷神山（俗称稷王山）。初创时代不详，金代已有，元至元八年（1271年）于庙内建舞台一座，供酬神演戏之用，至正二十五年（1365年）殿又重修。现存大殿面宽5间，进深6椽，单檐五脊顶。殿内中柱一列，直通平梁以下，大梁分前后两段，穿插相构，无通长梁栿之制。当地称为无梁殿。虽经历代重修，仍具宋、金时期的形制。殿内后壁上镶有元至元时期修舞台石碑1通，文意简练，记事清晰。

稷益庙

俗称"阳王庙"。在山西新绛县城西南20公里阳王村。是供奉后稷和伯益的庙堂。伯益又称伯医，相传为大禹之臣，佐禹治水有功；稷植百谷，传为谷神，后稷始教民稼穑于此，故建庙祀之。创建年代不详，重修于元至元年间，明弘治十五年（1502年）扩建重修。山门三间，献亭五楹，舞台一座，两厢规整，分设左右两翼。现存正殿、舞台均为明代原构。舞台5

间，单檐歇山式，周檐大额枋，台口宽近 10 米，檐间空间较大，这种形制是我国戏剧发展史上的重要实物资料。正殿 5 间，6 架椽，悬山式屋顶，檐下斗栱 5 铺作，殿顶三彩琉璃。殿内梁架前后槽都用大额枋，后槽架于柱头，前槽设在六椽栿之上，其上又用爬梁承托，结构略如元代建筑规制。殿内东南西三壁满布壁画，内容丰富，画工精巧，是明代壁画中的佳品。

管鲍祠

在安徽颍上县城北 0.5 公里。原名管子祠，为纪念春秋管仲专祠。明万历六年（1578 年），县令屠隆重建，增祀鲍叔牙，始改今名。管、鲍均为颍上人，齐政治家，鲍先仕齐，后主动让贤，荐管仲于齐桓公，史誉"管仲相桓公，霸诸侯，一匡天下"。祠旁有管仲衣冠冢，冢前有碑二：一曰"管仲父墓"，一曰"呜呼大政治家管仲之墓"。祠清道光年间修，清咸丰间毁于兵火，1933年重建，现存殿堂五间，堂内供管、鲍牌位。管仲（？—前645）即管敬仲。春秋初期政治家。名夷吾，字仲。颍上（颍水之滨）人。出身贫贱，后由鲍叔牙推荐，被齐桓公任为上卿，尊称"仲父"。治齐四十年，实行改革，富国强兵，"九合诸侯，一匡天下"，使齐国成为春秋时第一个霸主。对外以"尊王攘夷"相号召。对内实行政治经济的变革，发展工商渔盐冶铁；推行"相地而衰征"的政策，按土地好坏进行征赋；"作内政而寓军令"，寓兵于民，扩大兵源；举贤任能，制定选拔人才的制度，士经三次审选，可为"上卿之赞（辅助）"。分国都为十五士乡和六工商乡，分鄙野为五属，设各级官吏管理。提出"仓廪实则知礼节，衣食足则知荣辱"的论点，并把礼、义、廉、耻看做国之四维，认为"四维不张，国乃灭亡"（《管子·牧民》）。《汉书·艺文志》著录有《管子》86篇，一般认为是托名于他的著作，实为战国至西汉的文集。

蔡侯祠

位于湖南耒阳县城蔡子池畔。是东汉科学家、宦官蔡伦的纪念建筑。蔡伦（？—公元121年），字敬仲，湖南耒阳人。东汉和帝时，曾任主管制造御用器物的官——尚方令，晚年封为龙亭侯。他总结民间造纸方法，改进造纸术，用破麻布、渔网、树皮等制造出精良的植物纤维纸，即"蔡侯纸"。后世传为我国造纸技术的发明人。祠相传为蔡伦故宅，元至元四年（1338年）知州陈宗义重修。祠内原供蔡侯像，有蔡伦造纸用过的石臼，三国时的谷朗碑也收藏在祠内。现祠为清代建筑，一明间、二次间，砖木结构，四合院式，进深22.85米，面宽17.95米。近年又经整修。祠后不远有一高大的东汉砖室墓，传为蔡伦墓。塚高1公尺许，圆形墓顶，径约6公尺，四周砌有砖墙予以保护，墓前竖石碑，上刻《重修蔡伦墓记》。郭沫若另题"蔡伦之墓"4字。城关镇有一大清水池，传为蔡伦漂洗纸浆的地方。祠、墓、池整修后均对外开放。

蔡襄祠

在福建泉州洛阳桥南街尾。名蔡忠惠公祠。北宋仁宗末年为纪念督造洛阳桥有功的泉州太守蔡襄而建。蔡襄（1012—1067年），字君谟，福建仙游人，北宋书法家，官至端明殿学士，曾两度出知泉州，宋皇祐五年至嘉祐四年（1053—1059年），督造我国古代著名的梁式石桥——洛阳桥，颇有政绩。卒谥"忠惠"。祠历代均曾修建，现存系清代重建，面阔3间，深3进。蔡襄自撰并书的《万安桥记》著名石碑刻就立在祠中。碑文分刻在两块石碑上，一系原碑，一系解放后摹刻。此碑文章之精练，书法之秀丽，刻工之生动，世称"三绝"。祠内另有历代碑刻多方。祠前有两座碑亭，清康熙三十一年（1692年），提督张云翼的两方修祠巨碑立于其中。

颜子庙

亦称"复圣庙"。在山东曲阜县城北部陋巷街。祀孔子弟子颜回。汉高祖到鲁地祭孔时始建颜庙，元泰定三年（1326年）重修。元至顺元年（1330年），追封颜回为"兖国复圣公"，始有复圣庙之称。明清两代又多次重修增广，面积85亩，殿亭门坊159间，历代碑刻55块，松、柏、桧、槐500余棵。庙门前护以青石雕栏，建有石坊三座，中题"复圣庙"，东题"卓冠贤科"，西书"优入圣域"。《论语》载："颜子居陋巷"。复圣门内，传即陋巷故址，有水井名"陋巷井"。明嘉靖三十年（1551年）立"陋巷井"石碑一座，以表彰颜回"一箪食，一瓢饮，居陋巷……不改其乐"的勤奋好学精神。陋巷故址北有门三座，取"克己复礼，天下归仁"语意，东为克己门，西为复礼门，中为归仁门。入门里，东西各有明代御碑亭夹道而立，亭内藻井彩绘仙鹤图案，内外立明清碑刻。复圣殿在仰圣门内，为庙内主体建筑，殿7间，高约16米，绿瓦飞檐，彩绘斗栱。前檐下石柱4根浮雕盘龙，余皆八棱水磨柱，平雕龙凤、花鸟。殿内旧有颜回冕旒执圭塑像。庙内还有复圣寝殿，杞国公殿（祀颜回之父）、杞国公寝殿、退省堂等建筑。其中杞国公殿为元代建筑，弥足珍贵。颜回（前521—前490年），字子渊，一作颜渊，春秋末期鲁国（今山东）人，孔子得意门生、学者。史载其贫而好学，笃于存仁，以德行见称。虽箪食瓢饮，不改其乐。年32死，后人称为"复圣"。

颜鲁公祠（江苏南京）

在江苏南京市广州路223号，为"颜真卿祠"。颜真卿（709—785年），字清臣，京兆万安（今陕西西安）人，唐代书法家。开元进士，官至殿中侍御史，后出为平原太守，曾起兵反抗安禄山叛乱。历官太子太师，封鲁郡公，史称"颜鲁公"。其书法初学褚遂良，后学张旭，正楷端庄雄伟，行书遒劲郁勃，古法为之一变，人称"颜体"。传世碑刻以《多宝塔碑》《麻姑仙坛记》《颜勤礼碑》《颜家庙碑》等为著，行书有《争座位帖》，著作有后人所辑《颜鲁公文集》。祠建于清代。祠三进，内有碑刻7块，据传其中有颜真卿手迹。颜鲁公祠的7块碑刻为：《乌龙潭放生记》碑，高1.59米，宽0.66米，嵌于院内东墙上。碑文已漫漶不清，可能刻于康熙二十三年（1684年）左右。《重修颜鲁公放生池庵碑记》碑，乾隆十年（1745年）立，碑身完整，字迹清楚，记述了修建的详细经过，立于院内南墙下，高2.26米，宽0.74米，厚0.25米。《乌龙潭永远放生碑记》碑，嵌在院内北墙上，清顺治十三年（1656年）立，两江总督兵部尚书马鸣珮撰文，布政使冯如京书丹，江防兵备道张思明篆额。此碑文字清楚。《颜鲁公祠记》碑，同治七年（1868年），江宁知府涂宗瀛立，上书颜体碑文，记述了颜鲁公的事迹和建祠渊源，嵌在第一进西墙上，还有《重修金陵龙幡里颜鲁公祠及乌龙潭放生池记》《乌龙潭放生举本记》《修整大殿输功信士芳名碑》《禁乌龙潭不许捕鱼永远放生记》碑。

颜鲁公祠（四川仪陇）

在四川仪陇县新政乡（原属南部县）。祀唐代书法家颜真卿。始建于宋，明末刘成德扩建，增祀鲜于仲通和鲜于叔明，易名"忠贤祠"。清道光三十年（1805年），敕授文林郎保宁府教授李义得重建，并立碑记其事。现仅存清代所建瓦房数间，明、清碑碣两通。1949年后，改为小学校。

魏先生祠

在福建松溪县城东门。魏先生名浚，字苍水，松溪县人，明万历甲辰（1604年）进士，初授户部河南司主事，后在广西、江西、山东等地任地方官。著有《易义古众通》《世路》《西事珥》等，共120卷，是松溪县历史上著作最多的人物。祠为明代建筑，门额有"三蕃总宪"、"百粤文宗"等砖刻。

霸王祠

又名"项王祠"、"西楚霸王祠"、"项羽庙"。是秦末农民起义军领袖项羽的纪念建筑。位于安徽和县乌江镇东南1公里凤凰山上。项羽（前232—前202年），秦末农民起义军领袖。名籍，字羽。下相（今江苏宿迁西南）人。累世为楚将。秦二世元年（前209年），陈胜起义后，从叔父项梁在吴（今江苏苏州）杀会稽郡守，起兵响应，有精兵8000人。次年立楚怀王孙心为楚王，仍号怀王。后项梁在定陶（今山东定陶西北）败死。秦二世三年，秦将章邯攻赵，令王离、涉间等围巨鹿（今河北平乡西南）。楚怀王任宋义为上将军，任他为次将，率军往救。宋义慑于秦军声势，逗留于安阳（今属河南）46日不进。他杀宋义，自为假上将军，率军渡漳水，破釜沉舟，在巨鹿大破秦军，杀秦将苏角，生擒王离，涉间自杀。旋又迫降章邯所部20万人，被推为诸侯上将军。此后继刘邦进入咸阳，杀秦降王子婴，尊楚怀王为义帝，徙之江南。自立为西楚霸王，都彭城（今江苏徐州），又大封诸侯王，在楚汉战争中，屡次击败刘邦，因刘邦巩固了关中后方，并会合韩信、彭越等，兵势日盛。最后，他兵败垓下（今安徽灵璧南）。突围至乌江（今安徽和县东北），自刎而死。后人立祠祀之。据唐少监李阴冰篆额"西楚霸王灵祠"，可知祠始建在唐或唐之前。唐以后屡经修葺与扩建，原有正殿、青龙宫、行宫等，共99.5间，传说正式帝王方可建祠百间，项羽虽功高业伟，但终未成帝业，故只能少建半间。内有项羽、虞姬、范增等人塑像，及钟、鼎、匾、碑等文物。祠前有一对联："司马迁乃汉臣，本纪一篇，不信史官无曲笔；杜师雄真豪士，灵祠大哭，至今草木有余悲"。唐宋诗人孟郊、杜牧、苏舜钦、王安石、陆游等均有题诗。1986年重新修葺，霓宇峭拔，巍峨壮观。

霸王庙（江苏江浦县）

在江苏江浦县附近的乌江边。相传公元前202年，楚霸王项羽在垓下之战惨败后，向江东突围，来到一座小桥边，项羽夫人虞姬见他身边战将无几，为消除项羽后顾之忧，速返江东以图再起，毅然拔剑自刎而死。后人称此小桥为失姬桥。霸王来到乌江边，看到身边已无将卒，自思无颜见到江东父老，亦拔剑自刎而死。后人在项羽自刎地建霸王庙纪念他。庙为一座四合院建筑，门额为"拔山盖世"，门联为"山襟水带，虎啸龙吟"。进门为大殿三楹，中供项羽和虞姬像，异常生动逼真。大殿两侧为厢房，供有霸王儒装打扮的雕像和旱船。庙后是项羽衣冠冢。冢前原有明代立"西楚霸王之墓"碑石一方，现已无存。项羽（前232—前202年），秦末农民起义军领袖。名籍，羽为其字。下相（今江苏宿迁西）人。出身楚国贵族，项梁之侄。有勇力，知兵法。秦二世元年（前209年），陈胜起义后，各地纷起响应，他从叔父项梁在吴郡起兵。次年，率精兵8000渡江西进。项梁战死后，秦将章邯围赵，楚怀王任宋义为上将军，他为次将，率军往救。宋义到安阳，逗留不进，他杀死宋义，自为主将，率军渡漳水救赵，在巨鹿之战中全歼集军主力。秦王后，自立为西楚霸王，分封诸侯王。不久，同刘邦争衡，在长达5年的楚汉战争中，经战数十次，最后为刘邦所败。他从垓下（今安徽灵璧县西南）突围到乌江（今安徽和县东北）兵败自刎。

霸王庙（安徽和县）

在安徽省和县乌江畔的乌江镇，传为西楚霸王项羽垓下被围之后兵败自刎的地方。据记载，唐代以前这里已建有霸王庙，历代几经修葺和扩建。庙为四合院式的古老建筑，四周绕以苍松翠柏，门首悬有"拔山盖世"匾额，两旁有"山襟水带"和"虎啸龙吟"对联。门内正中为大殿，两侧各有厢屋。大殿内供有霸王和虞姬塑像，系清同治七年（1868年）的遗物，造型生动，颇具英雄气概和美人情态。公元前203年12月，霸王项羽在垓下别姬后率800子弟突围来到乌江，在庙前的草地上看到蚂蚁组成的"项羽必败"4字，认为天意已定，遂拔剑自刎。其实是韩信用饴糖先写了4个大字，使蚂蚁闻香而至，故意用计瓦解项羽斗志。庙后有项羽"衣冠冢"，墓前有明代所立"西楚霸王之墓"石碑。